ORFANDADES
O destino das ausências

Pe. Fábio de Melo

ORFANDADES

O destino das ausências

Planeta

Copyright © Padre Fábio de Melo, 2012

Preparação: Norma Marinheiro
Revisão: Tulio Kawata
Capa: Marcílio Godoi
Diagramação e projeto gráfico de miolo: SGuerra Design

CIP-BRASIL. CATALOGAÇÃO-NA-FONTE
SINDICATO NACIONAL DOS EDITORES DE LIVROS, RJ

M485o

Melo, Fábio de, 1971-
    Orfandades : o destino das ausências / Pe. Fábio de Melo. - São Paulo : Planeta, 2012.
    160p. : 23 cm

    ISBN 978-85-422-0007-2

    1. Emoções - Conto brasileiro. I. Título.

12-2911.   CDD: 869.93
                            CDU: 821.134.3(81)-3

2013
Todos os direitos desta edição reservados à
Editora Planeta do Brasil Ltda.
Avenida Francisco Matarazzo, 1500 – 3º andar – conj. 32B
Edifício New York
05001-100 – São Paulo – SP
www.editoraplaneta.com.br
atendimento@editoraplaneta.com.br

Não há cuidado humano que seja capaz de nos privar do desabrido da existência. A alma, mesmo quando alegrada nos rodopios intermitentes da vida, ou abraçada pelos que dela se enamoram, sabe-se misteriosamente solitária. É a precariedade da condição, o limite original que nos expõe ao desacontecimento, degredo que nos faz provar o crepúsculo das horas, o derradeiro grito, o que nunca se escuta acompanhado. Eu andei pelos subterrâneos do mundo. Ousei ver de perto o desconforto dos que não negligenciaram o assombro dos bréus. Deite a toalha branca sobre a mesa. A crueza literária está posta. Este livro é filho das saudades.

Para o Everson Roberto de Carvalho,
irmão que no tardio da fraternidade chegou à minha vida,
tempo em que minha mãe já não era capaz de parir meninos.

Quando a porta se abriu, pude ver o redondo do rosto a receber delicada moldura de luz. Era minha mãe. Olhou-me como se desejasse reconduzir-me ao ventre e num sussurro pronunciou: "Dorme com Deus, meu filho!". Depois fechou a porta e se foi. A oração da fala roçou com leveza materna a pele frágil de minha insuficiência humana. Naquela hora, um só pensamento me ocorreu: a certeza de minha orfandade.

Sumário

Mãe órfã — 13
Mãe morta — 21
A dama do açude — 27
A escolhida — 37
Sem escatologia — 45
A consagrada — 53
Naquele canto de mundo — 59
O vestido da herança — 67
Madame Gerúndia — 73
Pai de poeira — 83
O velório — 89
A mulher acabada — 99
O não lugar — 107
O mapa — 113
Alma sob sombras — 123
Um tesouro em vaso de barro — 131
As ausências do mundo — 139
O desapontamento do amor — 145
O outro lado — 151

Mãe órfã

Cerrei a porta. Por ora quero a ilusória proteção das chaves. Um breve esquecimento do mundo é direito que julgo merecer. Acomodada numa cadeira ao canto da sala, percebo o movimento do tempo. No agora que de mim se despede ouço os ruídos de sua ação. É a construção do antigamente. Mãos ardilosas rendilhando as paredes da vida, decorando com detalhes tristes o que um dia será memória.

Convoco as saudades. Coloco-as sobre a mesa. Fotografias, roupas, detalhes simbólicos do corpo que agora está privado de respiro. As saudades são enganosas. Provocam a ilusão de que o acontecido desacontece. A cena trágica se reencontra com o anterior do tempo. Mostra-se não acontecida, como se pela contemplação da matéria eu pudesse retroceder os territórios do não consumado, quando a madrugada ainda não havia lançado vestígios de sua chegada e o asfalto ainda permanecia virgem, sem o desconcertante desenho carmim que o sangue derramado lhe inscreveria.

Mas a realidade prevalece. O corpo de minha continuidade humana já está sangrado. Dele nunca mais esperarei retorno. Está sepultado, inerte, mergulhado na sombra fria que o sepulcro condensa. O corpo filial finalizou seu tempo de sorrir, pedir favores, padecer de febres, tremer medroso, solicitar colo, alimentar desejos. Um corpo agora sem fome, sem urgências, sem esperas, sem destino.

A camisa vermelha é guardiã de memórias. O cheiro da pele ainda visita o tecido. Eu presenciei a dúvida. Sentada na cama, acompanhava sua pressa. Eu observava a organização da bagagem. Entre uma roupa e outra, fazia questão de esconder medicamentos de primeira necessidade. Sabia da indisposição dele para com esses meus cuidados. Procurava o artifício do amor que ama, mas sem fazer pesar minha imposição.

A camisa vermelha já estava no corpo, mas, de repente, a dúvida. Havia ganhado da namorada uma camisa azul. Abriu o embrulho no momento em que já estava vestido de vermelho. Seria uma maneira de demonstrar que tinha gostado, pensou. Estava crente da grandeza daquele pequeno gesto. Considerando justo o argumento, ajudei-o a resolver o conflito. Vestido de azul, despediu-se de mim. Atravessou a pequena distância da sala e varou o escuro do corredor que o levaria até o portão principal. Os amigos o esperavam. Da janela da sala, pude ainda acenar-lhe uma última vez. O sorriso largo emprestava luz à penumbra do ambiente. Foi a derradeira vez que nos vimos.

No vazio da sala, senti a enormidade de sua ausência. Era a primeira vez que sem ele eu ficava. Vê-lo partir me fazia pensar em quanto éramos plurais. Vivíamos um para o outro. A morte prematura do pai estreitou ainda mais nossa pertença. Assim que o portão se fechou, uma solidão silente tomou conta da casa. Foi então que percebi que nós exercíamos distintas funções naquele espaço. Da casa, eu era os olhos. Ele, a voz. A trilha sonora de nossa vida era composta por ele. Sempre fora assim. Expansivo, falante, descansava-me da necessidade da festa que o gesto promove. Eu me ocupava dos olhares que o amor exige. Minha natureza melancólica, mas não triste, colocava-me no posto de sentinela. Ele sabia que podia contar com minha fiel observância. Sabia que enquanto ele se aventurava na composição de nossa trilha sonora, eu estaria cuidando dos detalhes que aos olhos pertencem.

O vazio da sala revelou-me tudo isso, como se uma lente amplificasse a minudência dos dias e a pequenez do vivido alcançasse uma grandeza que só a temporária desmaterialização do vínculo poderia oferecer. A viagem de Leonardo era essa pausa. Vê-lo partir sozinho fez-me tocar a insuficiência de minha condição materna. Aquela curta distância percorrida entre a sala da despedida e o carro que o esperava era reveladora. Era o corte do cordão.

O homem bonito que naquela noite partia portando liberdade e autoconfiança fora outrora um menino medroso em meus braços. Eu o segurei pela mão. Acompanhei de perto seus primeiros passos. Encorajei-o para as primeiras descobertas. O corpo forte e destemido na camisa azul já havia buscado meu colo por temer bruxas e vampiros. Foi em seus ouvidos que depositei minha voz reparadora. Quando o escuro do mundo ameaçava-lhe a segurança, era a mim que ele buscava, desejoso de receber um fio de luz. Foi assim que o vi partir, como se de seus bolsos caíssem mistérios e revelações preciosas. Como se pelo estreito caminho tivesse ficado uma escritura sagrada, letras dispersas que a solidão do instante me fez reunir.

Nas últimas horas da madrugada chegou-me a notícia pela voz trêmula de Gabriel, o amigo que o convidara para a viagem. A voz chorosa ao telefone não buscou o curativo de rodeios. Contou-me depressa, como se ansiasse livrar-se do fardo que o sufocava. "O Leonardo morreu." A frase era curta. O significado, não. O carro desgovernado chocara-se contra uma árvore. A lateral que Leonardo ocupava fora atingida. Um golpe duro, fatal, que não lhe ofereceu segunda chance.

A notícia me doeu na carne. Rolei pelo chão do quarto acometida pelas mesmas dores que o expulsaram do meu ventre vinte e três anos antes. As dores da morte eram as mesmas que as do nascimento. As contrações naturais que encaminharam o meu menino ao mundo estavam de volta. Retornavam os dolorosos movimentos dos interiores que não toleram mais o corpo invasor. Mas dessa vez sem o que expelir. Doíam vazios, doíam ocos, doíam solitários. No nascimento, só a expulsão cessa a dor. O menino que desliza pelas pernas arranca consigo as agonias da carne. Era ele o espinho que magoava o corpo. Mas a mágoa é bem-vinda. Todos sabem. Toda forma de nascimento é um milagre em si. Nascimento é superação de sombras. É quebra de crepúsculo. A contração derradeira acende no temporário dos olhos o definitivo da luz. Expulso o invasor, o hospedeiro é abandonado pela febre. Na morte, o contrário acontece. A expulsão do outro é que alimenta a dor. O menino crescido não desliza no sangue da mãe, mas no seu próprio. Não está mais a proteção materna, a mulher que sangra em benefício do que está chegando. Pelas veias feridas e abertas foge o sangue da origem, esparrama-se pelo asfalto tudo o que no embrulho do ventre lhe fora dado de maneira amorosa e confidente.

Ao encontrar o destino fatal da curva, Leonardo vestiu-se de sombra, incorporou a escuridão. A comunhão que antes congregava as partes, amarrando num único cordão as pontas de duas existências, na morte se quebrara. Foi assim. O bendito fruto de meu ventre anoiteceu para a vida no momento em que a madrugada já recobrava o direito de rebordar-se de luz. Feliz viajante, mergulhou nas trevas da curva, cessou a aventura humana, os conflitos menores que o encarceravam na dúvida de decidir-se por camisa azul ou vermelha. Morreu entorpecido de esperança. Esperava aquela viagem como o sertanejo espera a chuva: plantando. Um detalhe por dia. Tudo especialmente preparado. Acreditava que a alegria segue a mesma regra das sementes. Germina quando é cuidada. Escolheu destino e paragens, antecipou futuro. Viu mapas, traçou rotas, quis ver o depois pelos olhos do antes.

Leonardo morreu em sua primeira viagem, vagando principiado pelas estradas do mundo que ele tanto desejava desvendar. Morreu meu filho, minha cria, minha arquitetura genética, minha única obra, meu rebento.

O silêncio da casa me sepulta. Não há ninguém solicitando que eu saia de mim. Não há ruídos que sinalizem a necessidade do ritual do cuidado. Nenhuma boca a reclamar alimento, nenhum olhar a implorar-me carinho, nenhum culpado a pedir-me indulto, ninguém em atraso a solicitar-me espera. A minha maternidade avoluma-se sem encontrar aquedutos para que de mim se disperse. O acúmulo no peito me condena: estou sem função. A partida da cria dissipa o papel da criadora, compreendo. Dissolve o sentido, sepulta o papel. O que é a mãe sem o filho? O filho único está morto. A maternidade se arquiva na memória. Desfaz-se o vínculo que antes a nominava mãe, e a mulher é condenada ao retorno da antiga condição. É a perda do sentido, do significado, agravado ainda mais pela lembrança que se transforma em desassossego.

A morte de meu filho me enclausura num estado de não ser. A curva mergulhada na sombra enlaçou também a minha vida. No corpo esmagado do menino esmaga-se também a imaterialidade que a ele me configurava como matriz. Estou meio morta, meio viva. A parte viva está com ele sepultada. Estou abrigada nos desvãos dos músculos, alojada na memória da carne que aos poucos se mineraliza. A parte morta ainda habita e caminha por esta casa.

Chove agora. Desce do céu uma abundância de água. Chove como no passado, na noite em que Leonardo chegou ao mundo. É viva a memória. O choro alto, inaugurador da existência provocou o sorriso mais sincero que meus lábios já puderam desenhar. Recebi no colo o filho de minhas entranhas. Os pequenos olhos já sabiam me olhar. O amor não requer apresentações. Sabe-se na carne. Abracei com ternura o corpo que preparei dentro mim. Senti naquela pequena estrutura viva o calor de minha profundidade. Ele era o meu menino. Mas na tarde do meu calvário, o corpo abraçado estava imerso na friagem que a morte provoca. O meu menino fora silenciado. O mesmo que sempre falava por mim enquanto eu via o mundo por ele. O menino que Deus tomou pela mão e conduziu para ser mais uma voz no seu céu de muitas vozes. Por este Deus aqui espero. É certo que um dia Ele virá. Sua sensatez o trará até mim. Virá por caminhos que desaprendi, ou que fiz questão de esquecer, não sei. Aprendi desde muito cedo que nenhuma folha se desprende da árvore sem que Ele o permita. Pois bem, se nessa fala há a prevalência da verdade, devo então entender que meu filho morto passou pelo mesmo crivo decisório. Se assim o for, eu espero que Deus venha bater à minha porta e humildemente suplique o meu perdão.

Mãe morta

Já posso morrer. A pedra posta me assegura. "Aqui jaz Antonieta Bonaparte do Couto. Viveu, sonhou e amou." O argentado das palavras reluz tristeza. Contradição. A frase triste está prenhe de esperanças que ainda não sei reconhecer. Minha mãe está morta. Repito. Digo a palavra mais dura, o recado mais tristonho. Mas no avesso da aterradora notícia há um travesseiro de conforto. Minha orfandade é alforria. O amargo da verdade se mistura ao doce de um futuro que posso ter. Sua partida me outorga direitos. Já posso morrer também. Não tenho mais a obrigação da vida. Posso aventurar-me sem medos, dar-me aos descuidos, avançar limites, ultrapassar fronteiras. Posso partir, posso morrer, desistir, ser infeliz.

Morrer requer ter nascido. Quarenta e dois anos e só agora o meu nascer terminou. O cordão que me atava ao outro corpo foi decepado. O ventre está lacrado. Nele já não há respiro. Estou livre. Mas esse estado de soltura é ambíguo. Eu desaprendi o caminho das estradas. Já não sou capaz de reencontrar a emoção das descobertas. Olho para as cores frias da tarde e com elas me identifico. Sou tarde. A vida inteira vivida à sombra de minha mãe entardeceu-me a existência. Proteção que desprotege. Deixei de florir as idades da vida, o normativo sofrer que frutifica com o tempo, quando, pela força do movimento natural, a maternidade deixa de ser determinante, e o corpo filiado assume seus próprios caminhos.

Estou só no interior da casa. Respiro. Quero que a noite deposite suas sombras sobre mim. Amanhã eu serei obrigado a amanhecer sem mãe. Receberei a luz do dia sem o amparo da materna proteção. As amarras estarão frouxas. Do conforto ao terror. Viver sozinho requer liberdade. Reconheço a inaptidão. Uma vida inteira dedicada à manutenção do vínculo amputou-me a capacidade de ser livre. O amor é amarra invisível. Envolve o corpo com palavras, cria ninhos com os olhos, gera o degredo.

Atravessava a rua premido de temor. E se um carro desgovernado me alcançasse? Quem a ela ofereceria o ombro para que pudesse chorar a dor de ver partir o filho único? Quem acalmaria seus gritos? Só a mim ela possuía. Éramos um. Sempre um. A estreiteza do amor nos configurou como continuidade um do outro. A proteção desprotegeu, feriu a carne, feriu a alma.

Recordo-me de sua fala mansa. "Álvaro, venha ver a florada do ipê no alto do monte! O azul do céu é tão azul que chega a dar vontade de chorar. Ele é servidor, faz contraste para que o amarelo seja vivo, meu filho. Reze comigo. Obrigado, Senhor!" Eu rezava. No colorido da cena, minha mãe buscava cura para o monocromático da alma. Apertava-me as mãos. "Promete que nunca vai entrar na lagoa?" "Prometo, minha mãe." O calor do corpo se submetia ao amor que não admite o risco das descobertas. A obediência foi criando côdea no caráter, e assim, inseguro, eu me anunciei ao mundo.

A casa cresceu. O que antes me aconchegava agora me expulsa. O silêncio é profundo. O quarto ainda permanece intocado. Morrer é acontecimento que demora a terminar. Ou não. Pode ser que nunca termine. A sepultura é tão profunda que não há terra neste mundo que possa preenchê-la. O luto é alimento diário. Uma pá de terra para cada lembrança. Movimento que não finda porque não cabe no tempo. O que recordo me desconstrói. Eu me desfaço aos poucos, como se o morrer se antecipasse no que não é corpóreo. A porta entreaberta me permite ver o desarrumado que o acontecimento provocou. Algumas roupas sobre a cama ainda esperam pelo corpo sepultado. A desesperança esparrama suas sombras sobre a matéria que nos resguarda. Mas há uma luz miúda que só eu vislumbro. Não, não é triste. É confortante. Luz que não perturba o sono. Luz que não é luz. Luz quase sombra, não sei ao certo. É natural que eu esteja impreciso. Minha mãe cruzou a soleira da porta arrastando consigo as costuras que sustentavam minha inteireza.

As paredes sabem o mesmo que agora sei. A elas estou congregado como se fosse seu acabamento. Somos e estamos. Imprecisão verbal. Somados, indivisos, atados num segredo. Não tenho a quem contar. Conto a mim mesmo. Conto desejoso de compreender. Balbucio. Tudo ainda está tão perto da verdade. Por isso a prevalência da névoa. Há um amanhecer nascendo sobre a noite profunda de minha vida. O amor é noite. É sonolência que o aconchego não desperta. O amor é também amarras. Difícil de dizer. Essa verdade não cabe na boca. Parece blasfêmia que profana o altar onde o mundo recolhe suas coisas santas. Quero dizer, mas tenho medo. O pensamento que não vira palavra fere minha consciência. O ocaso da maternidade aleita meus absurdos. É do seio sepultado que escorre o alimento que nutre minhas ousadias. A morte de minha mãe é o maior sofrimento, mas é também a maior das alegrias. Quero esquivar-me desse pensamento, mas ele repercute em minha carne. É confortável pensar assim. Um horror me transpassa. A conclusão me apavora. Quero correr até a sepultura e gritar à pedra posta o meu pedido de perdão. Quero recobrar o sentido da dor aguda que me assola. Eu sou órfão, estou órfão. Devo chorar até me secarem as lágrimas. Não quero esse avesso tão cheio de remendos vergonhosos.

Ouço a chuva mansa lavando o telhado. A poética do instante prevalece sobre os algozes de meus pensamentos. Chuva é acontecimento que comemoro. Aprendi com ela, minha mãe, sempre serva da melancolia que os dias chuvosos sugerem. "Álvaro, meu filho, vá comprar macarrão goela de pato. Hoje tomaremos sopa. Vamos comemorar a tristeza preciosa que as mãos da chuva garimparam na gente!" O macio da voz quebrava a dureza da vida. O convite à tristeza me enchia de alegria. A fala reconfortante encontrava as estradas de minha alma e por elas se encaminhava. Ela tinha razão. Chuva é tristeza elegante. Depois da sopa, a cumplicidade no sofá. Enquanto minha mãe se ocupava de seus bordados tão ricos, eu redescobria o confortável caminho do ventre. O calor do colo, o cheiro nunca alterado de minha mulher-origem, tudo me fazia recobrar a certeza de que minha indigência havia encontrado cura.

A ida ao mercado de Marcelino era sempre esperada. Era a hora de comer o sonho do dia. Ficavam à mostra. Robustos, cobertos com açúcar de confeiteiro. Eram macios. O recheio farto de doce de leite recordava-me o paraíso que padre Justino nos prometia em seus sermões domingueiros. O mais saboroso que já experimentei na vida. Sonho. Nome sugestivo. O bom do sabor sugeria o irreal. No doce do confeito uma realidade se sobrepunha. A boca se enchia de utopias, esperanças e harmonias sobrenaturais. Depois da matéria, o sonho. Mas a matéria estava imersa num batismo criativo. Matéria idílica. Farinha que recebeu o trabalho das mãos, o volume redondo, a fritura leve e o recheio doce que retirava o trigo de seu estado plebeu.

Mas o sonho está terminado. A vida arde sobre mim tal como o sol sobre a pele alva. Minha mãe já não anda pela casa, mas suas trilhas estão definitivamente marcadas. Estou privado de ter meus caminhos. O cão acorrentado desaprende a ir além dos limites a que está condicionado. É sobre as trilhas maternas que desejo ir. O amor de minha mãe me matou antes do tempo. Na sua sepultura, também estou eu. Só uma parte de mim ainda repousa nesta casa. A parte que ri, comemora e se alegra com o suspiro final. Mas dela não espero muito. Ela é prisioneira da culpa.

A dama do açude

O aguaceiro da tarde não lavou a minha alma. A secura continua. Quem me dera ter uma trinca na carne que abrisse beira e encaminhasse o dilúvio para dentro de mim. Quem sabe assim eu veria desmoronar as estruturas que o sofrimento sedimentou.

A chuva miúda continua caindo mansa sobre meu corpo. "Chuva de molhar bobo!", dizia minha mãe. O bom da expressão é que vinha sempre acompanhada de um sorriso rompante, puro, quase afrontoso de tão único, de tão seu.

Minha mãe era mulher de alegria intensa. A voz rouca não conseguia anuviar a ternura que no coração residia. Recordo-me dos dias em que deitava meu corpo franzino em suas coxas, sobretudo para que me consolasse quando Helinho roubava minha alegria. As causas eram diversas. Helinho tinha parceria com o diabo. Não o diabo dos adultos, a entidade capaz de delitos absurdos. Falo do diabo das crianças, aquele a quem Helinho legitimava a presença no mundo; diabo das pequenas transgressões, o impulso que o motivava a cortar a linha da pipa no momento em que as alturas estavam conquistadas.

Sentada próxima aos grandes portões da entrada, eu me permito ficar. As dores da minha alma são profundas. Atingem as idades que já foram sepultadas na estrutura de minha composição humana. A vida é assim. Os dias se acumulam sobre nós. Eles nunca se despedem. A casa continua majestática. O banco de cedro de onde a observo ainda me serve como no passado. Escuto ao longe um grito de criança. Deve estar se ocupando de algum detalhe de alegria que de vez em quando estilhaça as vidraças do cotidiano. As paredes estão brancas como no passado. Olho para a grande fachada e atesto sua inegável harmonia. As janelas e portas continuam dispostas nas mesmas cores. Raulino Murare fez um bom trabalho durante esses vinte e seis anos. Cuidou com esmero durante minha prolongada ausência. Partir foi inevitável. Precisava descobrir outro lugar no mundo, algum canto onde eu pudesse esparramar as ruínas de minha história para tentar amenizar o desconforto que insistia em pesar sobre meus ombros.

Só agora ousei voltar a pisar o chão que me viu crescer. Voltei porque julgo inevitável reencaminhar o destino da matéria. Voltei para o movimento final das chaves, para lacrar as portas, definir o destino da casa já que sou a única sobrevivente da história que ela testemunhou. Quem sabe assim eu possa lacrar também as portas que o casarão escancarou em minha alma, e que ainda hoje permitem o acesso dos mortos que se hospedam em mim.

O calor intenso me conduz a um retorno no tempo. Faz-me recordar a cena triste que iniciou nossa expulsão desse território. Um cordão me puxa sem piedade para o centro do redemoinho que desorganizou de vez as regras da minha vida. A cena é viva. Sentada no mesmo banco de cedro, eu observava ao longe a blusa branca bordada de miçangas a pender solitária, única, ressequida pelo enxágue feito às pressas. Pendia esperando por recolhimento, assim como minha alma esperava ser recolhida por alguém que andasse descompromissado.

O sol estava a pino, alto, parceiro do grande relógio da sala, que obedecendo a uma disciplina espartana nos assustava todos os dias, da mesma forma, com suas badaladas metálicas. A tarde começava ardida e sem piedade quando ouvi o grito de Ordália. A voz embrulhada em desespero vinha da direção do açude. Não houve tempo para questões. A verdade do fato chegou com a mesma pressa com que chegam os ventos que modificam as estações. Ednalva estava morta. Desaparecera nas águas turvas no momento em que desejava esquecer a mágoa de meu pai. As horas que separavam um acontecimento do outro eram poucas. O espancamento acontecera instantes antes do almoço. É certo que o corpo ainda doía intensamente. Vi de perto os vergões roxos na pele clara. O sangue vivo descendo pelos cantos da boca testemunhava a crueza da violência praticada. Ouvi os gritos, vi o pavor, o desespero da alma. O motivo era simples. Ednalva fora vista de mãos dadas com Rodrigo Austero. A denúncia chegou pelos lábios de Irineu, meu irmão mais velho, que logo depois de receber a notícia da morte da irmã, desembestou-se pelos pastos sem deixar vestígios de seu paradeiro. É certo que não levou bagagem. Não houve tempo para isso. Da casa, levou apenas o que de nós existia nele, o irrenunciável, somado à culpa que certamente tornou-se parte de sua carne.

Ednalva estava feliz. Parecia uma pipa nas alturas. Rodrigo Austero era moço feito, bonito, cheio de atrativos e de valor. Ela o conhecera no baile de formatura de Maria Laura Duarte. Era ele recém-chegado da cidade grande. Após terminar os estudos, resolvera voltar para assumir os negócios do pai doente. Era moço direito, disposto a vir apresentar suas intenções para com Ednalva. Pena que não houve tempo para essa visita. Movido por desconfiança infundada, meu pai resolveu cortar a linha da pipa. Cortou por maldade. Estava ciente de que o moço era partido certo, casamento garantido. Cortou porque falou mais alto a voz do diabo dos adultos.

Ednalva era mulher de sensibilidade rara. Era a mais frágil das três. A morte inesperada de minha mãe lhe aguçou ainda mais a fragilidade. Ednalva tentou ocupar na vida de meu pai a lacuna que minha mãe deixara. Um código oculto prevalecia na relação entre os dois. A ausência da esposa fez com que aquele homem descobrisse nos afetos da filha mais moça um lugar seguro para descansar da solidão. Talvez tenha sido por isso que ele não suportou a notícia do possível namoro.

Quando recebeu a notícia da morte de Ednalva, meu pai correu na direção do açude. Perdido nos emaranhados do desespero, mergulhou nas águas turvas, esperançoso de poder ainda resgatar a filha. Ainda hoje posso ouvir-lhe os gritos de angústia. Ainda hoje posso vislumbrar-lhe o rosto coberto pela cera do desespero, os olhos parecendo penetrados por brasas.

Enquanto os gritos roucos ruíam-lhe aos poucos a raiz da voz, aquele homem imergia e emergia das águas do açude como se quisesse retroceder no tempo, guardar o chicote, dispersar a ira, o ciúme, o medo de perder.

Do açude não trouxera coisa alguma senão a culpa. De Ednalva ele não pôde resgatar absolutamente nada. Tudo dela estava perdido. Definitivamente escondido no mistério daquelas águas.

Homens de toda a região vieram tentar recobrar o corpo de minha irmã. De nada adiantou. A surpresa maior ainda estava por vir. A ordem foi dada por Lurêncio Batista, o delegado da cidade. O açude deveria ser esvaziado. Ficamos todos lá, à beira das águas turvas que resguardavam Ednalva, enquanto Odilo, um capataz da fazenda encarregou-se de sangrar o açude. A única saída para a água foi cuidadosamente preparada para que todo e qualquer volume sólido que ali chegasse não se perdesse.

Quando as águas foram totalmente encaminhadas para o córrego que descia pela propriedade rumo ao rio Santana, o que restou foi a lama escura que sedimentava o grande açude. Imediatamente, todos se colocaram a revirá-la, cuidando para que nenhum ponto ficasse sem revista. Tudo em vão. O corpo de Ednalva nunca foi encontrado. O grito de Ordália não se confirmou com o sepultamento da matéria. O que nos restou foi a morte sem consumação, a despedida sem cerimônia.

Desde aquele dia nunca mais ouvimos a voz de nosso pai. Ela ficou perdida na lama escura, assim como o corpo de Ednalva. O homem que até então esbanjava coragem e determinação, mergulhou num recolhimento profundo e determinante. Com o olhar sempre frio e fixo num lugar que parecia não existir, ele se afastou definitivamente do mundo. Partiu, foi embora, e nunca mais voltou. Era apenas um corpo presente em nossa casa. Um homem sem voz, sem vez, sem risos, sem choro. Um corpo vivo resguardando uma alma morta.

Quatro meses depois, encontrei-o morto no quarto, sentado numa poltrona diante da janela. Os olhos entreabertos estavam postos na direção do açude.

Depois da morte de nosso pai, Ordália não demorou a partir. Casou-se com nosso primo Justino Bernardes e com ele foi embora para o distante estado de Pernambuco, local onde Justino vislumbrava a chance de uma vida nova. Ordália também nunca mais voltou. Doze anos depois, recebi a notícia de sua morte. Ainda guardo na memória a estrutura de sua voz. A voz que gritou a desgraça, a mesma que, no dia em que partiu definitivamente de minha vida, disse em pranto que me amava.

Helinho também sumiu no mundo. Com o tempo, deixou de servir ao diabo das crianças e passou a servir ao diabo dos adultos. A notícia que chegou aos meus ouvidos é de que ele havia se envolvido no assassinato de Mariano do Amaranto Flores, um posseiro poderoso que resolvera injustiçar uma comunidade inteira. É provável que seja verdade. Helinho não sabia conviver com as desarmonias da vida. Chorei muito a falta dele. Seu desaparecimento fechou o ciclo de minhas esperanças. Da morte de Ednalva ao fechamento desse ciclo correu um espaço de dois anos. Tudo aconteceu nesse curto intervalo de tempo. A morte de Ednalva, o sumiço de Irineu, a morte de meu pai, a partida de Ordália e o desaparecimento de Helinho.

Aguentei a solidão da casa durante um ano e meio. Dividi esse tempo com os empregados que restaram. Quando a solidão ameaçou retirar-me o ar, senti que era hora de também preparar a minha partida. Eu não tinha muitas opções. Aceitei o convite de uma tia que morava no Rio de Janeiro. Fui embora numa tarde fria de junho. Retirei-me da casa como se cumprisse um ritual de vingança. Queria vingar-me de todos os que partiram antes de mim. Não queria ser guardiã de tantas desgraças. Não queria carregar comigo as consequências trágicas da denúncia venenosa de Irineu.

No Rio de Janeiro, recebi a chance de recomeçar a vida. Não foi fácil. Aos poucos fui cimentando sobre minhas memórias uma laje protetora. Lá eu estudei, casei e constituí família. Adquiri uma imunidade afetiva que me permitiu um temporário esquecimento do passado.

Sentada nesse velho banco de cedro, tenho diante dos olhos a geografia de minha tristeza. Retornei. Precisei fazer esse caminho de volta. Não posso continuar a vida sem realizar esse último sepultamento. Os corpos já se foram, mas ainda resta a casa, último item a ser conduzido ao sepulcro. O meu desconsolo é material. Possui janelas, portas, paredes alvas, blusa de miçangas e açude.

Encaminho-me na direção da porta principal. Preciso encontrar dentro de mim algum fio de coragem que me faça adentrar a materialidade que me devolva aos braços imaginários dos vínculos findos. Não está trancada. Adentro a sala. Um vento frio passeia por meu corpo. Vejo a mobília antiga bem preservada. No centro da parede da sala está ainda o velho relógio. Os ponteiros estão posicionados da mesma forma. Marcam treze horas e vinte e sete minutos. O funcionamento foi interrompido no exato momento da tragédia. Foi a hora inicial de nossas mortes. Ninguém teve coragem de dar corda novamente, como se pudéssemos intuir que o fim de Ednalva representava o fim de todos nós. Atravesso a grande sala. Um frio misterioso me recorda os medos da infância. Ando pelo corredor mergulhado na penumbra. Desço as escadas da cozinha e me posiciono diante da grande janela central. Abro-a. A claridade invade o ambiente antes protegido pelas sombras. A visão é imediata. As luzes do presente invadem o calabouço do meu pretérito. Lá está ele. Soberano, silencioso e autoritário: o açude. Parece ainda maior. Agregou espaços, abrangeu território. As águas calmas permanecem conectadas ao relógio da sala. Mas ninguém sabe. A vida não constituiu testemunhas qualificadas. Ninguém viu o retorno do corpo, ainda que frio, inerte. O açude não nos devolveu nada, ao contrário, roubou-nos a vida inteira.

Fixo nele os olhos. Corto com minha imaginação o turvamento de suas águas. Chego ao fundo, ao barro que sacramentou com nódoas a culpa nas mãos de meu pai. Deito na mesma lama. Permito que meu corpo encontre o mesmo destino que encontrou o de Ednalva, e ali permaneço. O açude é meu sepulcro. Foi dele que irrompeu a onda que adentrou as estruturas deste casarão tão bem edificado. Foi nele que iniciei o meu processo de morrer.

Retorno à realidade. O que me devolve ao mundo é a voz de Raulino Murare. Entrou pela porta da cozinha sem que eu o percebesse. Falou-me dos dois homens interessados na compra. Não pus atenção. Outorguei-lhe o direito de decidir a melhor maneira de encaminhar a venda. Vender a casa não mudará em nada o meu jeito de possuí-la. O momento me traz a clareza de uma verdade desconcertante. Eu não sou proprietária desta casa. As ordens estão invertidas. Eu sou propriedade dela. Mesmo estando tantos anos distante, ela continuava morando em mim. Eu a ela pertenço e a ela estou atada com a subserviência de uma escritura íntima, moral. O conhecimento da verdade me ilumina. O assombro da revelação parece devolver-me direitos nunca antes experimentados. De súbito, meu coração se dispõe à ruptura.

Absorta nessa satisfação, procuro a saída. Olho tudo pela última vez. A vida passa como um filme diante de meus olhos. Não há tempo para reviver. Eu preciso ir embora. De vez. Deixar para trás a recordação da blusa de miçangas, o forte do sol insistindo em quarar-nos da mesma forma que quarava o branco da blusa, a voz morta de meu pai, a lama do açude, o todo da tristeza, tudo sendo sepultado sob a proteção daquele casarão.

Quando eu já estou prestes a sair, Raulino me pede que a ele eu dedique breve momento de atenção. Ele me conta uma história que se espalhou na região, desde que a casa ficou abandonada. Contam as testemunhas que, em noites de lua cheia, uma voz de mulher ecoa na escuridão. A voz nasce da direção da casa. Acreditam que seja Ednalva, conhecida por todos como a dama do açude. Dizem que o seu canto é bonito, mas triste. Um canto distante, como se nascesse das profundezas de águas turvas que resguardam segredos.

Ouço a história de Raulino e me convenço sem riscos de recusa da veracidade do fato. Sorrio como se a ele agradecesse a revelação. Ele sorri também. Aperto sua mão e sou surpreendida por quanto as mãos dele estão calejadas. Imediatamente, concluo que mãos calejadas não se opõem às transcendências.

Ao fazer questão de contar-me aquela história, Raulino deixou certo que credita esperança na ressurreição dos mortos. Raulino não quer que eu volte para minha vida sem que algo de bom daquele casarão venha comigo. A emoção me visita. Sua credulidade me resgata do calabouço de minhas descrenças. A mão que cuidou durante tanto tempo da materialidade de minha história, agora está aqui, solícita, disposta a oferecer-me uma narrativa redentora. Nas mãos de Raulino está depositado o brilho fosco de um dogma de fé. O canto de mulher que fora ouvido por tantos reporta-me ao testemunho bíblico que atesta a ressurreição de Jesus. Ednalva participava do mesmo mistério. O sepulcro está aberto. A morte não prevaleceu. A jovem triste que foi engolida pelas águas turvas do açude reencontrara o caminho da voz. Está ressurreta, alva, linda, reatada com a alegria que um dia aprendera no colo de nossa mãe.

Verdade ou mentira? Não importa. Saber que para muitos ela continua quebrando os grilhões da morte, cantando o seu canto de amor, já é o suficiente para que eu me reconheça merecedora dessa devolução. Para quem muito pouco restou da vida, qualquer oferenda cabe inteira nas mãos.

A escolhida

Carmelita já nasceu convencida de que não seria feliz. Motivos obsessivos nunca lhe faltaram. Do desconsolo menor causado por um bicho-de-pé ao peso de duas ou três pedras nos rins, sempre encontrou razões para a amargura. Fez da tristeza a sua alegria. Tinha orgulho em confessar que não necessitou da palmada que desperta o choro no recém-nascido. Com ares de profundo abatimento, relatava sempre que podia que doutor Leocádio assegurava que ela já nascera mergulhada em pranto sentido e profundo. Ninguém teve oportunidade de averiguar a informação. O velho médico morreu sem nos confirmar o acontecimento profético.

No ápice de seus exageros, desejosa de mostrar-se predestinada ao sofrimento, disse que ainda no conforto da vida uterina já era afeita às lágrimas. Confessava, sem que o rosto corasse de vergonha, que resguardava lembranças de chorar muito no ventre de sua mãe por motivos diversos.

Carmelita é obcecada por sofrimentos. Certa feita anunciou ter perdido completamente o paladar. A família recebeu a notícia estarrecida. Não era para menos. Ela criou ocasião. Convocou-nos para um encontro em caráter de urgência. Na hora do comunicado fez questão de antecipar-nos que teria notícia tristíssima a anunciar e que a família teria que tomar sérias providências. Durante uma semana, intervalo entre a convocação e o anúncio, permanecemos todos aterrorizados. Ninguém teve coragem de comentar, mas era possível ler a desconfiança nos olhos de cada um. Uma suspeita geral. Carmelita estaria em fase terminal, consequência daquela doença, aquela cujo nome não ousávamos pronunciar, e que até hoje me causa arrepio na espinha: câncer.

Perpétua, a ama que nos criou, relatou-nos que, desde que chegara da consulta com o médico, Carmelita não soltou mais um envelope branco, imenso, que trazia tipografado em azul o nome do Laboratório Santa Marta. Andava pela casa taciturna, com olhar obsessivo, percorrendo obstinadamente todos os cômodos da casa como se dela se despedisse. Dias de suspense. O pior. Fez vir, de Campina Grande, Joana d'Arc, nossa irmã mais velha, acompanhada de Crisoleide Sobreira, uma prima distante.

A sala estava preparada. Fez questão de vestir-se de preto. Aos poucos, a casa foi tomada pela família. Todos pontuais. Quase cinquenta pessoas. Todas esperando receber a notícia de que Carmelita fora diagnosticada com a tal doença e muito em breve partiria desta vida. O silêncio profundo só era quebrado pelo trânsito dos carros. Recebeu-nos plantada à porta principal. Absorta em seu silêncio embotado de mistério, limitava-se a acenar com a cabeça em agradecimento pela consideração a ela dispensada. Ao ver que todos estavam acomodados na ampla sala de visitas, assumiu a centralidade do espaço e, munida do bendito envelope branco, solicitou-nos a palavra. Não era necessário, mas o fez. Estávamos de boca costurada, nenhuma corda vocal ousava manifestar-se existente. Entremeando pausas dramáticas com olhares piedosos, Carmelita se pôs a ler em voz alta e trêmula o laudo que o envelope segredava.

> *Atesto para fins de esclarecimentos médicos, que Carmelita da Solicitude Ibrahim Habib, solteira e domiciliada na cidade de Soledade da Serra, sofre de uma doença rara que não cabe aqui revelar o nome. Este atestado tem como principal objetivo afirmar que a família precisa estar atenta à gravidade do estado de saúde em que se encontra a paciente. Recomendo que ela não seja exposta a contrariedades ou aborrecimentos, devendo estarem todos, repito, todos, sem exceção, comprometidos com seu bem-estar físico e emocional. Adianto-me em dizer que a primeira manifestação devastadora dessa enfermidade é a destruição das papilas gustativas da pobre paciente. Resumindo: ela não sente mais gosto de nada. Atesto ser verdade o que por ora descrevo, reservando-me o direito de ser o portador dos exames que nos revelaram tão sério estado de saúde. Com meus agradecimentos,*
>
> *Doutor Romualdo de Florença Alcântara.*

Após a leitura do atestado, Carmelita retirou os óculos e ofereceu-nos um olhar frio e ameaçador. Eu não acreditava no que acabava de presenciar. A cena era grotesca. Carmelita havia se superado. Colocara toda a sua capacidade dramática a serviço de suas carências. Arquitetara tudo. Fizera suspense, ameaças. Fizera-nos acreditar que o pior estava por acontecer. Tudo não passava de mais uma de suas armadilhas. Todas elas sempre em parceria com o tal do doutor Romualdo, um velho caquético que se rendera ao encanto das cédulas que ela lhe oferecia. Mais tarde, descobrimos que o atestado fora forjado por ela própria e que o velho tivera apenas o trabalho de assiná-lo. Quem nos contou foi Cleonice, a mocinha que secretaria o velho pilantra. Disse que ouviu Carmelita ler em voz alta o atestado para o doutor Romualdo, que ao término da leitura limitou-se a declarar com sua voz rouca: "Perfeito!". É claro que não deve ter sido difícil ouvir a armação daquela falcatrua. Sabedora de que o doutor é surdo feito uma enxada, Carmelita não deve ter economizado na emissão vocal. Mas a confirmação de Cleonice veio no momento em que Carmelita, sim, ela mesma, repassou-lhe o conteúdo que deveria ser impresso em forma de diagnóstico. O bode velho só fez assinar.

Depois daquela encenação desqualificada, a família desocupou a casa sem que se ouvisse palavra, fato que deve ter irritado profundamente Carmelita, que diante da leitura do laudo esperava ser cortejada por todos. Mas não foi o que aconteceu. Aquela noite foi decisiva para nós. A representação foi recebida como um ponto final. Ninguém cairia mais nas mentiras e armações dela.

A obsessão de Carmelita pela infelicidade não é de hoje. Desde menina ela sofria de pessimismo crônico. A disposição dos lábios já anunciava isso. Estavam sempre em linha reta. O avanço da idade acentuou ainda mais sua indisposição para a alegria. Nunca foi adepta do sorriso. A curvatura aconteceu em raríssimas ocasiões. Sempre breve, brevíssimo, o sorriso de

Carmelita se assemelha a uma contração de dor. Impressiona-me a capacidade que a criatura tem de aborrecer-se. Vira e mexe, lá está ela recrutando motivos para lamúrias. Carmelita deve ter herdado isso de nossa bisavó, Valeriana Ibrahim Habib. É tradição na família a história de seu coração inchado. Contam-nos os antepassados que, desde a mais tenra infância, a menina foi diagnosticada com um estranho inchaço no coração. Ninguém nunca soube ao certo quem diagnosticou o problema. O fato é que todos afirmavam que a menina carecia de cuidados especiais. Desde então, minha bisavó iniciou o seu processo de despedida do mundo. Toda vez que iniciava uma nova fase da vida, alegava que infelizmente não teria oportunidade de ir muito longe. O motivo: o coração inchado. Dizem as más-línguas que vivia constantemente protegida, como se fosse o ovo de uma ave em extinção. Tudo por causa de uma enfermidade que nunca foi confirmada. Morreu aos 102 anos, quando finalmente o coração desinchou, ou explodiu, não sei.

Carmelita deve ter herdado de Valeriana a natureza aborrecida. Carrega consigo essa ancestral disposição ao rosto contrito. Deve ter suas razões. Julgo que encontre nisso a ilusão de ser amada. Na necessidade de erigir o abrigo dos afetos, as pessoas são capazes de gestos tresloucados. Já testemunhei absurdos. Cornélia Moreira Sales simulou uma paralisia durante quase dez anos. Tudo para manter o marido preso aos pés dela. A farsa foi descoberta por Domitila, a empregada que desejava conspuscar Robélio, o marido enganado. Certa feita, tomada pelo desejo de ter Robélio para si, Domitila arrancou à força a farsante da cadeira de rodas e desfez a mentira diante dos olhos incrédulos de Robélio. Diluída a farsa, Robélio caiu na vida. Rejeitada pelo marido, Cornélia não resistiu ao abandono e faleceu dois meses depois de ser desmascarada. De Domitila nunca mais tivemos notícia.

Outro caso. Eucrides Laurêncio nunca foi totalmente fiel à sua devotada esposa, Marilene Mota Laurêncio, mas sempre cuidou muito bem para que suas escapadas se mantivessem em absoluto sigilo, de maneira que a esposa nunca pôde formular acusação. Numa de suas muitas empreitadas, descuidou-se. Foi pego em flagrante com Monalisa Melinarte, amiga fiel de Marilene. Com o circo desmontado, Eucrides resolveu dizer-se cego. Andava pela casa tropeçando nas coisas, batendo a cabeça nas paredes, chutando a quina dos móveis e caindo pelos cantos que não lhe ofereciam perigo. Segundo informantes confiáveis foi uma forma de arrancar compaixão da esposa enganada. Deu certo. Desde então, Marilene, a pobre traída, tornou-se seu cão-guia.

É assim mesmo. As necessidades da alma desordenam o mais equilibrado dos homens. É como se um instinto primitivo prevalecesse sobre milênios de evolução humana, jogando a pessoa num labirinto de contradições, movendo-a com naturalidade para o campo da farsa, da mentira, transformando o verdadeiro em dissimulado.

De uma coisa estou certa. A obsessão de Carmelita pela tristeza ainda dará muito que falar. Já estamos convictos de que continuará a surpreender-nos com sua imensa capacidade de criar fato novo, motivo que lhe faça parecer à beira do precipício, pronta para o mergulho final da morte. Carmelita adora a expressão *fase final*. É nela que sua existência encontra a ilusória sensação de amparo. Carmelita só se sente inteira quando se desconstrói. Nessa criatura não há espaço para crescer esperanças. É natural que seja assim. Para ela, o pior está sempre por vir.

Sem escatologia

A quem irei chorar os medos quando a velhice se estabelecer? O desamparo existencial é condenação própria que nos chega pela força do tempo. Há sempre um movimento de mãos invisíveis realizando o gesto da desproteção. A vida não poupa suas crias. Joga ao relento o filho que antes era aconchegado nos braços, o rebento que até então desfrutava de tutela. O tempo tem me ensinado. A senectude retira o manto que nos outorgava conforto. Estranho. A vida rasga aos poucos a certidão que nos identifica no mundo.

Estou mais consciente da despedida. Sinto que estou me desprendendo da mão que me conduz, como se o cordão da sustentação começasse a sofrer de fragilidade, deixando à vista sua estrutura e seus pontos rompidos, esgarçados. Não sei dar nome ao vínculo. Apenas me interpreto como cria de um ventre universal, qualquer conceito que nos reporte ao que é comum a todos, a este código que nos assinala a testa e nos denuncia viventes.

A desproteção hoje tão evidente teve início com o parto, no momento em que foi decepado o cordão que me prendia ao conforto de minha matriz. Nascer é receber a imposição da sobrevivência. A simbiose que antes me supria de sangue, carnes e ossos teve o seu fim. O ser que até então se escondia na penumbra da cidade materna foi arrancado e exposto à luz.

A existência sofre agravos com o tempo. É feito inflamação. Com o passar dos anos o espinho na carne ofende a saúde. Na juventude, ele incomoda menos. Por vezes nem mesmo dói. Serve como instrumental que coloca a alma em doce estado de subversão. Eu vivi assim. A fragilidade nos colocava nos braços uns dos outros. Noites e noites aconchegados em braços e colos que se saboreavam, temporários, imperfeitos, mas propensos ao gozo. O prazer nascia da imperfeição, do inacabado que rompia a pele, da carência que brilhava harmoniosa aos olhos dos que se dispunham a amar.

Estou me tornando cada vez mais pusilânime. Tenho um agravante. Nunca cultivei esperança de transcendências. O que sempre tive da vida foi sua face às claras, o brilho histórico de motivos que se materializaram diante dos meus olhos. Não me ocupei de razões ocultas, devoções, religiões, ritos que alinhavassem minha alma a alguma forma de promessa redentora, escatológica. Tenho concluído. O valor da fé se avoluma com a despedida das destrezas da mocidade. Observo que a fé em Deus é socorro que se recebe também no corpo. Vejo Idalina. Grita aos céus sempre que a vida a aperta. Encontra conforto em ladainhas, rosários, novenas, jaculatórias. Vive a salmodiar com desatino tudo o que a aflige. Foi condicionada a entregar a vida nas mãos de Deus. Aprendeu a dividir o fardo com a ausência torturante das divindades. Mas deu certo. Vez em quando eu a vejo passar na porta da minha loja com as feições cobertas de desespero. Faz sempre da mesma forma.

Entra na igreja e uma hora depois sai de lá refeita, reconciliada com a serenidade.

Eu não sou assim. Nunca soube dividir minhas lutas. Não encontrei este Deus a quem Idalina atribui o poder de recolher-lhe os fardos. É provável que eu nunca tenha andado nas mesmas estradas que Ele. O que Dele sei é por meio das notícias que me chegam. Meirinha veio trabalhar em minha casa depois da morte de meus pais. É evangélica. Vive me relatando os milagres que vê acontecer em sua igreja. Acho esquisito. Não acredito em uma só palavra que Meirinha pronuncia, mas sempre me pego perguntando-lhe se houve milagres nos últimos cultos. Sempre há, porque, segundo ela, Deus não deixa de operar. A pergunta que faço a Meirinha não deve ser sem razão. Talvez seja um recurso que uso para espiar além da cerca que me separa desse mundo miraculoso.

Minha descrença não é por acaso. De minha mãe herdei a premissa: Deus é criação humana. É um recurso que tenciona aliviar o peso da existência. Nunca precisei crer de modo diferente. A vida em nossa casa não permitia espaço para outras questões que não fossem as humanas. A proteção que deles eu recebi fez com que eu não precisasse desse apoio. Sempre dividiram comigo o fardo de ser quem eu sou. Cresci assim. O meu pai era um militar que tinha o peito colmado de medalhas. "Todas conquistadas com trabalho, dedicação e competência", dizia ele, desprovido da necessidade de dividir a glória com divindades. Ele nunca mostrou-se afeito à transcendência. Sua crença era nas coisas terrenas. Não conhecia outras. Dizia que religião é refúgio fácil para homens e mulheres que não estão dispostos a enfrentar os desafios da condição humana. Minha mãe comungava da mesma convicção.

Mas essa postura só é confortável quando se tem o ímpeto da mocidade. Eu os acompanhei até o fim. Vi de perto quanto os olhares ficaram perdidos como se procurassem por algum pavio de esperança futura. Meu pai morreu primeiro. As medalhas não o salvaram da solidão final. A farda garbosa não o resgatou de suas desesperanças. A fragilidade avançou sobre o território da valentia. Roeu o metal das condecorações do passado. Rasgou as honrarias da glória e do reconhecimento. O tempo retirou-lhe a competência, a possibilidade do trabalho, a tal dedicação, à qual ele atribuiu os resultados. Restou-lhe a indigência, a mão vazia desaprendida de buscar o céu, a voz sem prece, sem salmos. Terminou só. Nenhuma de suas conquistas pôde aliviar-lhe a terrível solidão final.

Meu pai se apequenou. Nos últimos meses de vida, voltou a chorar como um menino, choro do medo, choro da orfandade. O encolhimento da musculatura, movimento natural que opõe a vida ao nascimento, atingiu também outros lugares daquele homem. O general que sempre foi grande, imponente, altaneiro, de repente foi tomado de uma debilidade constrangedora. Medo de escuro, medo de ficar só, medo de morrer.

Minha mãe seguiu o mesmo caminho. Também ela foi surpreendida pelos desconfortos da fragilidade. A crueza da existência não a perdoou. O longo período na cama provocou um corrosivo processo de descalcificação. Perdeu a capacidade de sustentar o corpo. Passava dias e noites agulhada pelas dores até dos mínimos movimentos. O corpo foi perdendo a grandeza. A musculatura minguada já em nada me recordava a destreza da mulher que sempre comandara com mestria a ordem da casa. Deitada, permanecia com olhos sempre posicionados na direção do céu, como se procurasse fé para gritar uma súplica, um dedo divino que lhe proporcionasse uma epifania no ocaso de sua vida. Nada lhe foi dado.

Minha mãe sofreu ainda mais que meu pai. A lucidez não a abandonou. Sabia-se velha, doente, insuficiente. Sabia-se sem auxílios superiores. Ateia, incapaz de molhar a boca com palavras que lhe trouxessem auxílio redentor, ela sorveu o último cálice alicerçada na fria laje de suas convicções. Não quis abandonar a coerência escolhida. Sabia quanto lhe custara assumir-se cética. Sabia quão alto era preço que tivera de pagar por não ter sido agraciada com o dom da fé.

Minha mãe nasceu e cresceu entre celebrações e princípios religiosos. Desde menina recebeu de minha avó todos os fundamentos de uma vida pautada na fé católica. Foi educada em rígido regime religioso, mas sempre teve no rosto o brilho opaco de olhos indiferentes a tudo que extrapolava o contexto da racionalidade. Seu alívio se deu no momento em que meu pai chegou para assumir o comando do Exército. Ateu convicto, não demorou em reconhecer em meio a tantos olhares beatos o olhar cético de minha mãe. Para desespero de minha avó, rejeitaram a cerimônia religiosa. Com menos de um ano de namoro foram habitar sob o mesmo teto.

A decisão trouxe consequências. Minha mãe nunca mais foi recebida por sua família. Foi deserdada por meio de escritura pública. A religião foi a causa. Uma guerra santa aos olhos de todos. A recusa do sacramento não mereceu indulto. Rompeu com a tradição da família, sujou a reputação de todos.

Meus avós nunca mais lhe dirigiram a palavra. Suas duas irmãs fizeram o mesmo. A pedra estava posta. O sepultamento em vida simbolicamente aconteceu. Minha mãe perdeu a família por não crer em Deus. A espada divina expatriou os corações.

Depois de uma vida inteira sem Deus, não seria na hora final que ela daria a mão à palmatória. Suas mãos permaneceram vazias. Nenhum terço veio ocupar-lhe o vão dos dedos. A vida que deles se desprendeu não deixou símbolos. O tempo da inutilidade havia chegado. As mãos que antes comandavam as práticas do cotidiano estavam finalmente reduzidas a movimentos humilhantes que revelavam dependência. Mãos sem escatologias, sem promessas futuras, reduzidas, limitadas. Faleceu um ano depois de meu pai, encerrando, assim, aquilo que profanamente resolvi chamar de meu Antigo Testamento.

Com o sepultamento dos dois, sepultei as raízes de minhas seguranças humanas. Naquele homem que tinha o peito coberto de medalhas estava o meu todo-poderoso, o homem que me redimia quando o peso do mundo recaía sobre os meus ombros. Naquela mulher de voz grave e defensora, estava o colo que me reconduzia ao lugar de minhas origens, ao recôndito onde o medo não prevalece e a tristeza não sobrevive. Fé natural. Só isso recebi. Nenhuma fé sobrenatural me foi ensinada.

Foi em mãos humanas que segurei quando aprendia a andar. Não fui traída. Foi em olhos humanos que busquei proteção quando a solidão varou as carnes do meu corpo. Eles me socorreram. Foi em abraços humanos que reencontrei a alegria quando errei o caminho e precisei voltar. Eles me receberam. Neles eu acreditei. Creditei fé à sua proteção. Depois que eles se foram, não me restou fé alguma.

Hoje estou aqui. A vida me confronta. O corpo que não desaprende de ser filha cumpre aos poucos sua sina de morrer em partes. O peso dos dias é fardo que carrego sozinha. Estou deserdada. Meus princípios cartesianos já não me sustentam. Minhas respostas prontas respondem aos outros, mas não a mim. Sinto um desejo imenso de crer em mistérios, verdades ocultas, oráculos, revelações. Desejo prostrar meu corpo diante de altares, imagens, livros santos. Mas nada disso posso fazer. Estou geneticamente privada. Não há rachaduras em minha alma por onde Deus possa adentrar.

A consagrada

O amor me coloniza. Faz comigo o mesmo que Portugal fez com minha pátria. Arranca o ouro, devasta as reservas e me outorga misérias que frutificarão no futuro. Eu as descubro aos poucos como se a névoa da realidade me preservasse do susto de vê-las num mesmo movimento de olhos. Alguém deve ter rezado nessa intenção. Deus age como pode. Também Ele, ainda que goze de soberania e poder, vê-se impossibilitado de realizar proezas. Eu o limito, algemo suas mãos quando não sou capaz de encher as talhas para que o milagre aconteça. O vinho é resultado dele, dádiva de sua gratuidade, mas a água é atributo humano, é a parte que me cabe.

Amar é perder a pertença; ser invadida por outro, ver rasgada a cortina que me preservou por tantos anos indivisa, proprietária da decisão de descer escadas, cruzar a rua, realizar o simples da vida, o ordinário, o natural do ser livre. É desastroso amar assim. Ainda que minha consciência esteja iluminada para o conhecimento da realidade, falta-me a coragem da luta. Muitas vezes quis gritar minha independência, correr atrás da alforria que me abriria as portas do mundo, colocar os pés na estrada que permitiria a fuga do corpo, a liberdade tão almejada, mas não pude. Os braços de Fausto não me permitiram o movimento. É metáfora. Nunca careceu colocar trancas nas portas. Ele me acorrentou de outro modo. Os grilhões foram colocados na vontade, na morada ontológica, nos estreitos terrenos onde julgo estar os comandos da minha existência. Foi ali que o desalmado se alojou. Fez comigo o mesmo que o capitão faz com o navio. Acessou os comandos do motor, tomou posse do leme, quebrou qualquer distância que pudesse existir entre o planejado e o realizado.

Fausto me fez colônia. É espiritual a pertença. Não há indícios materiais de que o roubo tenha acontecido. Nenhum arrombamento, marca na pele, roxo a denunciar violência. Ele me prendeu sem alterar a voz. As primeiras ataduras vieram pelo seu olhar. Recordo-me. A missa estava começando quando pude perceber o moço bonito a observar-me de longe. O primeiro embate. Render-me ao ritual santo ou à atração da carne? Optei pela segunda. Ele estava no altar ajudando o padre Clemente com a celebração. Era uma presença misteriosa. Nunca tinha sido visto na cidade. Um rosto coberto de estranhezas, oriundo de destinos que desconhecíamos. Somente depois pude saber que se tratava de um sobrinho do vigário. Veio para a cidade com o intuito de dar continuidade aos estudos.

Mas antes do conhecimento, a presença epifânica. O moço sem nome a arder diante de meus olhos, comandando todos os meus sentidos. Eu, que sempre apreciara, por necessidade da alma, acompanhar atentamente a santa missa, naquele dia estava paralisada pelo olhar que perscrutava despudoradamente cada centímetro de meu espírito. O altar estava temporariamente deslocado. Deixara de ser de pedra. Assumira carne humana e olhava-me com olhos. O deslocamento do sagrado. A transposição do sentido. A encarnação do Verbo se desdobrando no homem desconhecido, como se Deus rompesse todos os invólucros da história, fisgando-me com recursos humanos, atualizando na geografia do meu domingo a mesma cena que os pastores contemplaram, quando nos braços da mulher escolhida, o Menino-Deus abria os olhos e se mostrava interessado no peito que o aleitava. A metáfora estava posta. Ele, o Verbo encarnado, o Deus revelado. Eu, a humanidade seduzida, a carne encantada pela visita iluminada que vinha dos céus.

Fausto. Eu ainda não sabia seu nome. Dele eu não tinha quase nada. Somente o olhar envolvente, fixo, sem medo de ser flagrado em sua distração carnal. Olhava-me invasivo, sem escrúpulos. Dissecava todos os detalhes do meu corpo, medindo-me como se eu fosse uma estrada por onde desejava caminhar. Fausto me desbravava, abria picadas em minha alma até então preservada de invasões. E eu o recebia, assim como a terra recebe a chuva, agradecida.

Com a missa terminada, o início da possessão. Veio sozinho e antecipou-se em dizer que gostaria de conhecer-me. Não houve demora. Segurou minhas mãos e fez com minha carne o mesmo que os olhos já tinham feito com minha parte imaterial. A proposta era simples, mas mudaria o rumo da minha vida. Um passeio público pelos jardins da praça da matriz.

Já sabedora da origem do rapaz, minha mãe não se opôs ao que ele me sugeria. Apertou as mãos dele e, com um sorriso no rosto, deu-me as costas, fazendo-me intuir que participava de um plano bem-sucedido. Nas poucas horas daquele dia dourado de sol, percebi que seria inútil tentar impedi-lo de entrar em minha vida. Fausto já estava com a chave nas mãos. Arrancou-a sem que eu percebesse.

Nove meses depois do primeiro encontro eu já era sua esposa. Com o casamento, desistiu dos estudos. Ajudado pelo tio, montou uma mercearia que ainda hoje é nosso sustento. Não tivemos filhos. Fausto achou por bem não deixar descendência. O argumento é a maldade do mundo. Acha descabido aumentar o número dos que sofrem. Tentei argumentar o contrário, mas Fausto me calou com palavras mansas e um sorriso triste. Sempre foi assim. Fausto nunca me permitiu pensar por mim. Meus pensamentos eram os dele. Minha capacidade reflexiva foi adormecida pelas suas ponderações sofridas. A inteligência aguçada que antes estava em mim foi brutalmente assassinada pelo olhar do altar. Aquela missa tão distante no tempo mudou minha vida. Foi a missa da minha conversão. Desde aquele dia, Fausto cerceou-me sem recorrer a armas. Conquista mansa, pé a pé. Avanço lento, passos medidos que com o tempo foram ficando largos. Tudo iniciado naquela manhã de primavera, no dia em que a voz do padre Clemente falou menos que os olhos do sobrinho. O silêncio do pastor, o rompimento da autoridade que durante anos me ouviu em confissão e conhecia de perto o meu desejo de oferecer-me inteiramente a Deus. Mesmo contrariando minha mãe, a vida consagrada era um projeto prestes a realizar-se. Os estágios no convento já estavam feitos. Enxoval preparado, tudo encaminhado para que no dia primeiro de janeiro do ano de 1957 eu fosse admitida como postulante por irmã

Quitéria, a provincial da Congregação das irmãs de Nossa Senhora da Piedade. Mas Deus perdeu a batalha. Eu também perdi. Fausto venceu. Minha mãe também.

O tempo passou. A clausura do amor me envelheceu. Agonizo dia e noite com o medo de perder o homem que preencheu todas as minhas ausências. Essa é minha contradição. O amor que tenho por ele me empobrece. Sofro dia e noite de insegurança. Ao tomar o leme de minha existência, ao roubar-me dos braços divinos, Fausto me aleijou a alma. Reduziu-me a ser humana, carne que morre sem o auxílio da esperança eterna. Da consagração espiritual, passei à consagração carnal, conheci o desconforto de necessitar de braços e pernas me enlaçando na solidão da noite, dedos e olhos me fazendo esquecer a beleza das realidades etéreas.

Fausto se impôs como minha escatologia, minha salvação. Depois de sua chegada, deixei de carecer de redenção. Deixei de reconhecer outras indigências que não sejam as provocadas pela ausência dele.

Há partidas que não nos permitem retorno. Comigo foi assim. Até aquela manhã de setembro, minha alma gozava de perfeita harmonia. Orações me preenchiam, calavam as angústias que vez ou outra me visitavam. A virgindade de meu corpo me conferia serenidade. Minhas carnes desconheciam a necessidade do encosto de outro corpo, do beijo que nos rouba o sossego, da invasão física que pluraliza o que antes era singular. Eu sabia ser só. Estava absolutamente conformada à certeza de que Deus me bastava, que Nele encontraria o meu gozo, o meu descanso eterno.

Tudo se acabou. Estou desprovida das esperanças passadas. Foram diabolicamente expulsas por Fausto. O amor que tenho por ele me reduziu à histórica experiência de ser quem sou. Ele me diabolizou. Cortou todos os símbolos que me emprestavam asas. Restou-me pouco. Eu e minhas circunstâncias. Eu e meu retalho de mundo. Sem sonhos, sem descendências, sem Deus. Meu mundo é Fausto. Minha alegria depende do perfeito funcionamento de suas tripas, coração, ossos, sangue e outras fragilidades. O cordão que me prende é tênue. Sofre de diabetes, pressão alta, pancreatite crônica. Meu redentor falece aos poucos. Cumpre a sina de viver a normativa falência que desencadeia a indigência que nos governa. O amor e seus pés de barro, o ruir silencioso que desarmoniza o movimento que nos aproxima, o rompimento que nos condenará à ausência do corpo, o desconforto de desaprender a ser quem somos.

Eu não sei o que farei no dia em que o altar estiver vazio. Não sei o que direi no momento em que meu deus pagão fechar os olhos e partir. A enormidade dos receios me encaminha diariamente ao vazio que ao meu coração se antecipa. O frio do futuro não conhece misericórdia. É certo que nenhum claustro me será oferecido como proteção. São as consequências de minhas escolhas. Depois daquela missa nunca mais fui a mesma. Minha mãe fez comigo o que Abraão não fez com Isaac. Entregou-me à lâmina. Fausto é meu algoz. Ao chegar em minha vida, desceu sobre minha alma sua cimitarra e assassinou meus significados antigos. Essa é minha condenação. Depois que Fausto se for, morrer será só morrer. Em vão.

Naquele canto de mundo

Atravessou a porta da sala como se pretendesse atravessar as distâncias do mundo. A vida era muita, mas as coisas não. A mala de couro surrada se prestou a acomodar em seus estreitos espaços algumas peças de roupa, três fotografias e um pequeno rádio de pilha. Abraçado ao peito, carregado como a um filho que necessitasse de proteção, estava o casaco de lã feito por sua mãe. No verde do traje, a esperança de que, mesmo distante, a mãe continuaria a abraçá-lo em noites de frio e solidão.

Olhou o pouco que deixava. Por um instante a vida pareceu dilatar aquelas misérias. O fogão de lenha, o bule de café nele depositado, as panelas de barro distribuídas pelas trempes, tudo visitado pelas recordações. Nas estruturas esfumaçadas daquele fogão é que a casa amanhecia. Como seria viver distante daquela cena? Como seria receber os primeiros raios do dia distante do estralo da lenha seca a produzir calor?

Não quis dar tempo aos infortúnios da dúvida. Não gostaria de permitir que opiniões contrárias, gestadas em si mesmo, minassem seu desejo de varar as cordilheiras de outra vida. Achou mais seguro ter diante de si o brilho dos sonhos, tantas vezes procrastinados, que resguardava no sossego da alma.

Partiu só. Cheio de medos, mas acompanhado por esperanças. A juventude nos olhos certamente lhe garantiria pousada em noites mais frias. Há sempre um lugar debaixo do céu para quem ainda não fez trinta anos. Depois tudo muda. Por isso quis partir antes da mudança. Vinte e nove já seria número de risco. Mais prudente anteceder-se dois anos à data. Trinta anos é informação que parece desestimular qualquer forma de transgressão. Amargara demais a sina de ser moço feito de disciplina e boas reputações. A vida inteira costurado na barra da saia de sua mãe, e agora era chegado o tempo de arrebentar as costuras. Procurou os pontos mais frágeis e começou por ali.

Ninguém pôs atenção ao anúncio de véspera. Absurdo não merece crédito. Aventurou-se num rasgo de noite, coisa pouca diante de uma vida inteira de lucidez e sanidade. O vinho sem nobreza o encorajou a dizer: "Vou me perder mundo afora. Ou me achar, não sei". Frase única, quase sem voz, mas plena de alma. Os ouvintes, mergulhados também no mesmo torpor, fingiram não compreender. Ficou assim. O dito pelo não dito.

A noite estava mergulhada em sua sepultura de sombras. A porta entreaberta o devolvia às primeiras contrações que o expulsaram para o mundo. A cena se repetia. Sob outros moldes, mas se repetia. Na abertura da porta estava outro ventre, outra passagem, tudo pronto para parir o menino que no interior da casa fora gerado tão frágil.

Arrastava os pés na direção da porta. Ressentia na carne o doído do nascer, partejando a si mesmo. Fazia consigo o mesmo que sua mãe fizera um dia. Varou a porta. A brisa passeou pelos detalhes de seu corpo trêmulo. O choro breve, quase riso de tão breve, sonorizou o instante. Voltando-se mais uma vez para o mundo que deixava, correu sobre a casa o olhar minado de absurdos acumulados. Andou na direção da estrada. A pequena distância lhe pareceu imensa. Andou, correu, alcançou. O anúncio desacreditado da noite anterior havia se cumprido.

Depois da estrada, os breus dos corredores do mundo. Destrancou as portas dos lugares incomuns, conheceu mulheres e fecundou-as, dando-se continuidade. Pousou com demora nas cidades cravadas nos misteriosos vales onde a sombra é irmã da luz e dispensou a calma nos paradeiros onde os sorrisos não florescem com a luz do dia.

O tempo voou na velocidade de suas andanças. Cruzou as idades da vida e delas recebeu as marcas indeléveis e inevitáveis. Os vincos no rosto pareciam estradas de destinos já findados. Amores levados na solidão do peito; desafetos insistentes, cravados nos braços de uma multidão imaginária, interna, tão cheia de voz. Tudo, o todo já vivido, precisando acomodar-se na estrutura de um corpo que parecia pequeno demais para tanta vida.

Depois de muitos outonos andados, frutos gerados na liberdade que o fez tocar a fragilidade mais venturosa, sentiu no peito o desejo de retornar aos umbrais do ventre que o viu perder-se na madrugada. O acúmulo dos anos o convenceu de que, depois de muito andar, há sempre uma graça reservada aos retornos. Não pensou muito. Seguiu o movimento do desejo. A primeira estrada foi encontrada. Uma estrada interior. Só é possível retornar ao lugar da partida depois de tê-lo reencontrado nos albergues de si mesmo. A saudade é o bilhete que antecede a estrada. Depois que o desejo de retorno está aceso, o destino de voltar requer iniciativa menor. Um transporte que nos faça sair, e já estamos nos preparativos da chegada. E assim se deu com ele.

Nove dias depois de prolongadas andanças e pequenas paradas, ele se viu novamente diante da pequena propriedade da família. A casa amarela não parecia mudada. As duas grandes janelas de moldura escura davam-lhe a impressão de que a casa estava assustada com sua presença. A casa e seus olhos. Sobrancelhas imensas, alteradas, arqueadas em expressão de surpresa. A porta estava entreaberta. Um fio fino de fumaça saindo da pequena chaminé conferia a certeza de que a casa estava habitada. Àquela hora do dia os homens já teriam retornado de sua lida costumeira, estariam sentados na cozinha lixando as mãos dos coloridos impiedosos tatuados pela terra, enquanto as mulheres estariam se esmerando para manter as labaredas do fogão, onde a comida era preparada.

Sempre tinha sido assim. É certo que nada havia mudado. A vida naqueles cantos de mundo leva tempo para ser diferente. O cercado de bambu estava coberto de ramagens. O verde-musgo estava ainda mais bonito sob a luz tímida da tarde. Os passos curtos fizeram-no atravessar o terreiro da entrada. Uma vassoura de piaçaba estava encostada na proximidade do pequeno portão lateral. Ela era testemunha de uma lida recém-cumprida. A limpeza do chão fizera-o recordar o vaivém das mulheres e suas vassouras levantando poeira. O cheiro bom de simplicidade tomou-lhe os sentidos.

A porta principal estava entreaberta. O tempo transcorrido não fechou as possibilidades. Permanecia como no passado, na noite derradeira. A cor era a mesma. Tocou-a com leveza como se quisesse respeitar o tempo em que estivera ausente. Respeitou a estranheza estabelecida, fruto de seu não chegar. O ruído seco se misturou ao bonito da música que o rádio tocava. Uma moda simples, bordada de violas chorosas e recheada de expressões portadoras de analfabetismos sábios.

Lá dentro a casa vivia, pairava num tempo não corrido, acumulado, porque visto com olhos embrulhados de distâncias. Adentrou o antigo mundo com calma. Os móveis rústicos e bem cuidados pareciam sofrer de agonia. Estavam imobilizados no destino de serem heranças. Resguardavam as memórias de seu tempo de menino. O sofá florido, sofrido, estava distante da primavera que insinuava. O tecido desbotado lhe sorria. A cristaleira sem cristais permanecia como antes. Alguns poucos copos de vidro, inelegantes, sem charme, pintados com florzinhas miúdas ocupavam as estantes superiores. Nas inferiores, estava a louça nunca usada, guardada como se fosse um tesouro intocável, presente de casamento que os pais se orgulhavam de ter recebido de um padrinho importante, desconhecido de todos.

Na parede ainda estava o retrato da família. Ocasião única, passagem de um circo pelo lugarejo. Um fotógrafo que se vestia de palhaço convenceu o pai a registrar a família naquele pedaço de papel. Rostos aprisionados em preto e branco, expressões tristes, assustadas com o acontecimento.

Arriscou passos na direção do corredor que o levaria à cozinha. Caminhos antigos não podem ser esquecidos. O cheiro bom do cozido misturava-se ao cheiro do manjericão seco, preso em maço, posto ao lado do quadro de Santa Bárbara. Era costume guardar os ramos usados na procissão do domingo santo. Em noites de trovoada, a mãe acendia pequenos fragmentos dos galhos abençoados e saía rezando pelos cômodos. A fumaça delicada ritualizava o pedido de proteção da casa contra a fúria dos ventos e trovões.

Foi durante a formulação desse pensamento que o rosto envelhecido do pai surgiu em sua direção. Não houve palavra. O olhar de surpresa parecia atado à indignação passada. Tempos idos, mas não terminados, porque ainda presos na pergunta fundamental que estimulou a permanência da paternidade. Um filho nunca parte totalmente. Fica nas perguntas que a ausência elabora: por que foi embora?

A indignação se apodera dos que ficam. É o recurso do argumento. Quem ama não parte, permanece para manter o vínculo que os amarra, que os congrega como carne da mesma carne. O argumento silenciado encontrara a palavra peremptória que só o olhar ousa proferir. Mas ele partira. Quisera atravessar os umbrais de outras moradas. Quisera dar sentido ao coração de outros viventes.

O pai continuava a fixar-lhe os olhos. Uma braveza feliz parecia tomar-lhe os sentidos. Os olhos segredavam um desejo simples. Desejo de cumprir o mesmo ritual de acolhimento que realizara o pai da parábola do filho pródigo. Mandar matar o novilho gordo, preparar-lhe festa de chegada, colocar-lhe o anel e oferecer-lhe sandálias novas. Tudo para que a pertença fosse restabelecida.

Logo em seguida, avistou o irmão mais novo. Este não se prendeu a nenhum rancor. Corações jovens não se controlam diante de alegrias inesperadas. Correu em sua direção e o abraçou num choro bonito, cheio de idades. As lágrimas do rapaz, que ele deixara menino, convenceram-no a chorar também. Aos poucos, o corredor foi sendo tomado. A irmã, que deixara moça, estava embrulhada numa velhice precoce. Os lábios trêmulos era sua fala amorosa, desejosa de gritos eufóricos, mas amarrada num silêncio plácido, comunicante.

O irmão mais velho parecia minado de desesperanças ainda mais profundas. Taciturno, limitou-se a oferecer-lhe um sorriso desmotivado. As mãos apoiadas no portal da cozinha recordavam o Cristo crucificado.

A mãe não se ocupou com demoras. Como se nunca o tivesse perdido de vista, como se, pelo mistério permanente do cordão que um dia atou o filho ao seu ventre, a ela sempre pertencesse, ainda que distante, lançou-lhe um olhar fiel, sorriu com brevidade e adiantou-se em dizer, com engasgo na voz, que o frango cozido que ele tanto gostava já estava pronto na panela de barro que fumegava no fogão de lenha. Não lhe ofereceu abraço, mas o sorriso tímido emoldurado pela maternidade amorosa dispensou o movimento dos braços. Talvez tenha sido uma forma de dizer que ele nunca estivera ausente, como se o tempo não tivesse decorrido e aquela tarde não tivesse vínculo com a madrugada da partida. A mulher nunca vive no mesmo tempo que os homens.

Aos poucos, o quadro do retorno foi se desfazendo. A casa o engoliu de volta, retomando-o ao ventre e reatando o cordão da sobrevivência. Desfaziam-se assim, misteriosamente, os rituais da chegada, acomodando cada personagem da cena no formato de antes.

A tarde, já vencida pelos cobertores da noite, buscou um canto para recolher-se. A viola foi trazida. A canção nasceu sem esforço. De vez em quando, a labareda no fogão produzia um estalo bonito, dando àquela família a sensação de que até o fogo encontrava motivos para comunicar alegrias. O resto era voz humana. Engasgos que as notas profundas ocultavam, mas que os sorrisos tímidos revelavam. A vida naquele canto de mundo era feliz, mas ninguém ousava dizer, confessar. O motivo era um só: receio de acordar a tristeza.

O vestido da herança

A alma que esse vestido me empresta não terá salvação. Disso não tenho dúvida. Toda vez que o coloco no corpo é como se uma segunda alma viesse tomar posse das minhas propriedades. É por cautela religiosa que só de vez em quando lhe concedo respiro. No resto do tempo, ocupo-me de espargir sobre minhas intenções a água sacramentada da missa das seis, para que sempre prevaleça a primeira alma, a original.

Esse misterioso vestido me desperta estranhezas. Parece impregnado de ousadias vividas que ainda não terminaram, como se a materialidade abrigasse a vulgaridade de alguém que não se economizou em vida e que agora, desencarnada e sob as imposições da finitude, queira em mim continuar sorvendo as satisfações humanas.

Mas o carmim da seda é tão leve quanto o que levo em minhas intenções de moça preservada. Nada de perdições, libidinosidades, desejos sem controles. Não dou ouvidos às sugestões do vestido. Mas também não me privo de experimentá-lo sob a proteção das paredes de meu quarto. Vez ou outra eu o resgato dos esquecimentos só para ver sorrir a segunda alma. Retiro-o da embalagem, estendo-o sobre a cama para que descanse do cabide e desfaço-lhe as dobras com suaves movimentos do ferro brando. Obedeço ao desejo de vesti-lo e reconhecer-me no espelho com as ousadias que a cor me sugere.

Eu me preparo para o dia. Unhas feitas, cabelos escovados, perfume de ocasião, maquiagem que nunca ouso contar que fiz. Ritual solitário. Penduro a primeira alma no cabide e coloco o vestido no corpo. Visto para que deixe de ser vestido-substantivo. Visto para que passe ser vestido-verbo, conjugado para cobrir-me o corpo, contornar-me as medidas, as mesmas que faço questão de preservar desde a juventude, dia em que ele veio pousar em minhas mãos, e com o qual fiz um pacto.

Ele chegou embrulhado nas distribuições da herança. Com a morte de minha avó, minha mãe, na condição de filha única, precisou administrar a partilha entre nós. Quando as grandes caixas chegaram e foram abertas, o embrulho sofisticado parecia preservar mistério. A caixa revestida de veludo azul-marinho chamou a atenção de todos. No pequeno lacre, uma inscrição revelava o destinatário. Era para mim. Em breve escrita confidenciada à minha mãe, mas sem declaração de motivos, minha avó fizera questão de esclarecer que o vestido da caixa azul não deveria ser dado a ninguém se não a mim. A fala de minha mãe foi proferida no mesmo momento em que o movimento de mãos sacramentou o desejo. Ofélia tentou gritar pelo direito, mas minha mãe não precisou dizer palavra. O olhar peremptório finalizou a conversa. Eu o resguardei com a mesma dedicação com que as montanhas resguardam o ocaso. Minha avó não deixou nenhuma informação sobre o tal vestido. Detalhe sobre o feitio, o corpo que o vestiu, a pele que o sentiu, nada. O que podíamos saber é que ele não pertencera a ela. Minha avó, apesar de ser mulher de posses, optara pela vida simples, pela lida ordinária, sempre a mesma. Suas escolhas de mulher honrada jamais permitiriam uma vestimenta ousada como aquela. A peça bordada de atrevimentos e luxos não poderia caber num corpo simples e afeito à fidelidade esponsal. Aquele era um vestido talhado para dama de alta sociedade. O vestido nos fazia pensar em mulheres diferenciadas, emancipadas, oriundas de praças públicas, discursos, festas garbosas, solenidades.

O tempo passou e nada pude saber sobre a caixa que me fora entregue. As razões ocultas permanecem nos segredos das costuras. O que ouso conhecer o vestido silencia. Silêncio que se desdobra em falas que julgo ouvir e que me fazem imaginar. De onde viera aquele tecido? Teria ele corrido distâncias até chegar às mãos de quem o costurou? Viajou de navio? Qual é sua pátria de origem? Onde estariam agora os sobreviventes de seu fardo? Que destino foi dado a cada retalho de sua continuidade? Estariam ainda preservados?

Não tenho as respostas. Por mais que eu o tenha por perto e dele me faça fiel companheira, o que dele alcanço e toco é o agora de sua textura e garbo. O que dele recebo é o mistério em partes, a cor que insiste em permanecer viva, vibrante, colmada de motivos segredados. Um vestido de antes, de tempos idos, quando as damas se vestiam em cortes particulares, medidos sobre a carne de forma única, irrepetível.

Dele tenho o passado sem voz, a ponte que me leva aos lugares a que ninguém mais chega, a costura que misteriosamente me devolve ao destino dos que já morreram, dos que não existem mais. Ele me recoloca nos alpendres iluminados, nas fachadas antigas, nas salas suntuosas, onde jantares ainda resguardam a alegria não consumada, preservada na quentura de iguarias intocadas. Ele é sacramento de um mundo não meu, negado, nunca comunicado. Talvez seja por isso que eu o queira tanto. A vida não me deixou muita coisa. Vi partir o meu mundo de forma abrupta e desumana. Tentei correr atrás, mas em vão. Quando dei por mim, já estava muda e só. Já não havia nome a gritar; já não havia estrada a percorrer. Mas não culpo ninguém. Quando eu ainda podia aventurar-me nos trilhos encantadores do amor, preferi a mesa posta. Poderia ter escolhido os perigos da estrada de ferro, mas não o fiz. Na estrada, Augusto me esperava. Esperou por longos e prolongados anos. Olhava-me querendo-me mulher. Queria-me esposa, queria-me amante. Bastava que eu me dispusesse às noites de amor eterno, temporário, perfeito ou precário. Não havia condições. Queria-me de qualquer jeito. Enquanto isso, eu ficava sentada à mesa, ouvindo as histórias de Licurgo e seu jeito desanimado de querer-me sua. Amor solene que não me oferecia riscos, instabilidades. Amor sem graça, sem encanto, sem perigos, sem escadas. Amor de mesa posta e de conversas cansadas.

A mesa e a estrada de ferro. O amor separado por um curto lance de escadas. Bastava alcançar a coragem e descer. Tive medo. A estrada era a morfologia dos meus receios. Tudo o que eu temia nela estava figurado. Tudo o que eu desejava também. Só Augusto poderia ser eleito para abraçar-me naquele vestido. Licurgo, não. O vestido não caberia nos olhos do homem que preferia a segurança da mesa. Augusto, este sim, saberia dividir comigo a herança da seda, as extravagâncias da segunda alma.

Somente ele poderia saborear a perdição da cor e o destino incerto da textura. Mas a pequena distância que separava a mesa da estrada de ferro foi soberana. Eu não desci as escadas. Optei pela primeira alma. A que estava confortavelmente convencida da salvação, a alma que suportava a prisão amorosa de Licurgo. A segunda alma, a alma que o vestido carmim sempre me emprestou, a que queimaria no fogo do inferno, esta permaneceu algemada.

O tempo avançou sobre mim. Sua incansável decisão de nos comer aos poucos me atingiu também. A mesa continua posta, mas Licurgo não está ali. Cansou de si mesmo. Descobriu a inconsistência de suas verdades. Concluiu que seu discurso tão cheio de certezas e estabilidades era rota de fuga. Tudo o que ele mais queria era aventurar-se nos destinos incertos da estrada de ferro. E foi.

Eu assisti a tudo de minha janela. Os cabelos milimetricamente penteados, como haviam se apresentado a vida inteira, naquela manhã estavam esvoaçantes. A desarmonia das formas comunicava que no interior daquele homem uma fortaleza ruíra. Uma desconstrução que o conduziu à coragem de um novo alicerce. Tardio, mas isso não lhe importava. Licurgo parecia sofrer contrações, como se de sua carne expulsasse um homem morto para ceder espaço ao crescimento de outro. Com a mala nas mãos, ele me acenou. Havia nele a prevalência de um olhar cheio de ansiedade e futuro. Amarrada a meu destino de ficar, eu lhe sorri pela última vez. Um sorriso passado, insosso, cinza, desenhado de penumbra.

Licurgo se foi para nunca mais voltar. Não tenho notícias de se foi feliz. Augusto partiu dois dias depois. Cansou-se de esperar por mim. Recebi a notícia de seu embarque pela voz tranquila de Gabriel, o menino que vendia passagens na estação. A notícia era uma espécie de recado. "Augusto se foi para a Virada do Ouro. De trem, fica a quatro horas daqui", disse-me na tentativa de convencer-me da facilidade de chegar. Eu nada respondi.

Os anos que me distanciam dessas quatro horas já são muitos. Já não sei se as horas continuam as mesmas. É natural que o tempo transmude o antes tão curto em distâncias intransponíveis. É bem provável que Augusto tenha se cansado de esperar por mim. Cansou-se de esperar pela minha decisão de descer as escadas, os poucos degraus, comprar um bilhete para Virada do Ouro, vencer as quatro horas, chegar, reencontrá-lo, descobri-lo, reconhecer se o desejo sobreviveu. A decisão não veio. A coragem não aconteceu. Deixo assim.

Da minha janela, eu ainda olho o mundo. O barulho do trem é a trilha sonora de minha vida. Quando vem apontando com seu poder de acordar o povoado; quando vem soltando estilhaços e fumaça pelo caminho, eu ainda sinto a mesma emoção dos tempos de criança. Boto a cara na janela e deixo que ele faça o que sempre fez. Que vare a minha alma, que saia dos trilhos, que entre pela minha casa, que atravesse a minha vida e que me leve consigo. Quero estar preparada. Unhas pintadas, olhos brilhantes, pés equilibrados em sapatos de salto e as esperanças embrulhadas nas mãos. É assim que irei. É certo que irei. Irei com a segunda alma, a do vestido de seda, o vestido carmim, minha herança.

Madame Gerúndia

"Pode ser que venha, pode ser que não. Nenhuma palavra é definitiva quando se trata de Gerúndia", comentei com Arislene, a mocinha que pintava as unhas de vermelho enquanto reclamava do marido.

Com a cor viva que depositava sobre as lâminas tencionava disfarçar as tristezas. Há quem creia que um remendo no corpo repercuta nos subterrâneos da alma. Essa psicologia religiosa não se aplica ao que sei sobre mim. Subterfúgios que me escondam dos medos que sinto? Dispenso.

Arislene é tola demais para compreender que todo amor é precário. O destino dos amantes é sofrer de inseguranças. Eu vi de perto. Rosalina Junqueira morreu de ansiedade. Vivia com a cara na janela para acompanhar a vida do marido, Moacir Brasa. Sua rotina era a vigilância. Passava o dia inteiro acompanhando de longe os movimentos de seu homem. Brasa trabalhava na farinheira do João Dias, um estabelecimento que distava poucos metros de sua casa. Rosalina não tinha obstáculos em seu campo de visão. A janela lhe permitia vista total do ambiente em que Brasa passava suas oito horas de labuta. O resto do tempo era amarrado aos seus pés. Não falo de amarras concretas. Falo das amarras que a dependência coloca, a coleira invisível que o "tal amor" autoriza.

Rosalina morreu de parada cardíaca, pobrezinha. Pasmem com o motivo. Durante um intervalo de quarenta minutos perdeu Brasa de seu ângulo de visão. O expediente já havia terminado, mas o costumeiro não aconteceu. Brasa não retornou. Ao investigar o paradeiro do marido, escutou de Rivelino Boa Praça a sentença gerundiana que a vitimou: "Dona Rosalina, não se preocupe, o Brasa passou no boteco do Jaime mas já está chegando". A taquicardia não a perdoou. O medo de ser só foi o suficiente para que Rosalina não suportasse a imprecisão daquele tempo verbal.

Se Rivelino tivesse definido melhor o retorno de Brasa, mas não. Ele deixou verbalmente solto o que Rosalina sempre prendeu. Rosalina se matou. A agonia lhe comprimiu o peito. Traída por si mesma, fenestrou o peito com a adaga da desconfiança. Ironia. Aquela que controlava à distância era quem era controlada. O vigiado era quem vigiava. Contradições do amor.

Arislene continua sua litania de reclamações. Suas palavras não me atingem. Ainda estou presa à tragédia de Rosalina, atada ao gerúndio que desencadeou a parada de sua vigilância. Sobre ela reflito. Não há sanidade no ato de abrir as portas do mundo pessoal para que outro venha gerenciá-lo. Dividir o leito? Não quero. Passar a minha vida vigiando um corpo que segura e armazena o que de mim não é material? Rejeito. Se alguém me rouba um relógio, corro e compro outro. Mas se roubam o que minha mirada não alcança, como hei de retomar a posse? Não quero ouvir o pulsar de um coração batendo ao lado e necessitar admitir que minha felicidade depende daqueles batimentos.

Orfandades

É por isso que coloquei minha alma no varal. Quero que morra seca. Melhor assim. Não quero mais sofrer de esperança. A indiferença é um caminho seguro que resolvi trilhar. Deu certo. Minha descrença não é sem razão. Ainda não pude retirar o calo que Jerônimo deixou na minha alma. É minha forma de fazer justiça ao sofrimento que o desgraçado me causou. Acordou-me para o sonho do amor eterno e depois se foi. Chegou quando minha alma estava desprevenida. Eu vivia a morte trágica de meus pais. Morreram atropelados na linha ferroviária. O carro enguiçou bem no cruzamento. Não houve tempo de fugir. Fiquei sozinha no mundo. Quando terminou a missa de sétimo dia, lá estava ele plantado à porta da matriz. Deve ter agido motivado pela caridade. O maldito me retirou a pureza, tomou posse de mim e depois partiu sem mesmo curvar os olhos para ver o que deixava. A última fala que dele ouvi foi: "Vou ali no Vicente Venâncio negociar uma bicicleta, mas já estou voltando." Até hoje o verbo permanece em aberto, sem definição, sem comprometimento. Uma ação desprendida no tempo. "Já estou voltando." Mas onde está esse desgraçado que nunca chega? Em que lugar do mundo está o corpo que fez a promessa? Há bilhete comprado, malas prontas?

Já faz tempo que Gerúndia disse que já estava chegando. Inquieto-me. Chegando aonde? Só se for à Cochinchina, porque de sua casa ao salão de Osvalda não levaria mais que quinze minutos. Novo recado nos chega. Dessa vez dado por Edilene, a magricela que atende às ligações na recepção do salão de Osvalda. Chegou ao centro da sala e revestiu de palavras cordiais a atitude grosseira da tal. "Madame Gerúndia mandou comunicar que se atrasou um pouquinho, mas que já está chegando!" Jogou a notícia na roda e voltou ao seu posto, desejosa de ocupar-se com suas palavras cruzadas.

Arislene continua lamuriosa. O marido nunca lhe garantiu segurança. Está desconfiada de que o safado tem outra. Escutei a história e me classifiquei cansada demais para oferecer consolo. Em outros tempos eu o faria, mas não pude poupá-la. Engatilhei minha arma de palavras e disparei na direção dela: "Abra o olho, Arislene! É bem provável que você esteja sendo enganada mesmo. Intuição feminina nunca falha!". Notei que a decepcionei com minhas palavras. Aquela pobre mulher esperava de mim discurso acalmador. Esperava fala que aplacasse sua desconfiança. "Imagina! Arislene, que homem trairia uma mulher como você?" Não, eu não estava disposta àquela caridade. Continuei debruçada na poltrona ao lado enquanto o vermelho do esmalte escondia a palidez daquelas unhas.

Estou cansada dessa gente que vive passando esmalte na realidade. Casimira Albuquerque é assim. Desde que assumiu a presidência do Lions Club decidiu bancar a consoladora. A autoridade a fez pensar que o tempo das desesperanças cessou. Por pior que seja a situação, lá está ela munida de uma palavra que possa aliviar o peso da realidade. Não gosto. Desaprovo gente assim.

Um exemplo. Laureana perdeu o pai. Morreu de repente. Aos setenta e nove anos, dormiu na quinta e não amanheceu na sexta. Casimira não perdeu a oportunidade. Ao abraçar

Laureana para dar-lhe as condolências, soltou a pérola. "Que morte bonita teve o seu pai." Eu só escutei. Nenhuma palavra por mim foi pronunciada. Mas fiquei pensando se há alguma morte que possa ser adjetivada assim. Bonita? Imaginei o velho sem ar, os olhos arregalados, bufando feito um boi amarrado, agonizando até morrer. Isso é bonito? Morrer asfixiado? Não acho. Por isso eu prefiro a honestidade de Anísia Comitante Leão, que, diante das dificuldades que Prudência Laurinda enfrentava com o pai doente, limitou-se a dizer: "Prudência, minha filha, é melhor que você fique preparada, porque o pior ainda está por vir! Seu pai ainda vai sofrer muito. E você também! Toda a família sofre com o doente. Vai ser uma trabalheira danada!". Disse a frase fatídica e nem sequer fez questão de oferecer à outra consolo com os olhos. A gravidade da fala estava confirmada naquele rosto cravado de certezas cruéis e enigmáticas.

Foi justamente pensando em Anísia que resolvi não oferecer alento à Arislene. Ela que se ajeite com suas questões. Ela que dê um jeito de saber a verdade, que ponha um detetive para cravar os pés na sombra do vagabundo, ou então que se contente com o leve tingimento que resolveu dar ao seu conflito.

Absorta em toda essa trama de mortes, notícias e desconfianças, ouvi o telefone tocar novamente. A mocinha atendeu e prontamente se colocou a repetir o texto decorado. "Osvalda Beleza Center, boa-noite!" Logo em seguida, dirigiu-se ao centro da sala, e com um sorriso de Monalisa nos comunicou: "Madame Gerúndia ligou novamente, pediu desculpas pelo atraso e disse que já está chegando". Sem dizer palavra, ofertei-lhe um riso cínico. Maria Rosa coçou a cabeça e entortou a boca. Fiz a leitura do gesto. Estava irritada.

Enquanto isso, Arislene se distraía com a manicure que lhe retirava os excessos do esmalte com um palito de madeira, cuja ponta estava envolta num algodão embebido de acetona. O gesto parecia sugerir-lhe outras ações. Devia estar pensando que precisava fazer o mesmo com sua vida. Remover os excessos.

Recuperando a voz, Arislene contou-me do medo que tinha de perder o filho. O menino nascera muito franzino e nunca tivera boa saúde. O pobre rebento teve uma pneumonia aguda que quase o fez bater as botas. Noites e noites em claro, cuidando para que o pavio frágil daquela existência não sucumbisse ao sopro insistente da morte. Só naquele momento Arislene me comoveu. Marido infiel não me arranca misericórdia, mas a quase morte do filho me fez sentir no peito o fino corte daquela navalha afiada.

Passados mais vinte minutos, como se ostentasse nas mãos uma missiva de paz encaminhada à Faixa de Gaza, retorna ao centro da sala a magricela da recepção. A voz já não demonstrava convicção. Decerto descobriu que do outro lado da linha estava uma mentirosa de quinta categoria. "Madame Gerúndia voltou a ligar. Lamentou mais uma vez o atraso, disse que depois explica, mas que já está chegando..." Maria Rosa me procurou com os olhos. Em seu desespero tão marcado pela sobriedade, acenava levemente a cabeça na direção de Ofélia, desejosa de alertar-me do desrespeito que a megera estava cometendo para com aquela criatura. No alto de seus oitenta e seis anos, Ofélia não poderia ser exposta àquele desrespeito. Tudo isso pude ouvir de Maria Rosa, mesmo não tendo descolado os lábios para a pronúncia de um só vocábulo.

Mais de uma hora já havia se passado desde o último comunicado. O filho catarrento de Arislene tinha ocupado totalmente os meus pensamentos, e isso fez com que eu não percebesse o avanço das horas. A infeliz continua chegando, pensei. O tempo verbal que matou Rosalina voltou a disparar suas sentenças mortíferas. A infeliz nos pregou naquelas cadeiras como se fôssemos otárias e sumiu no mundo.

Em intervalos menores de tempo, quatro outras novas comunicações nos foram feitas por Edilene. "Ela disse que já está chegando!" A última já nos foi dada entre bocejos. Os olhos da moça já estavam tão desconsolados quanto os de Arislene. Ela já não acreditava no que dizia. Terminou o comunicado e fixou-nos os olhos, esperando de nós postura mais enérgica, severa, incisiva. Depois de breve silêncio desconsertante, fez um gesto de inconformidade, como se lamentasse a morte de uma família inteira num desastre, e retornou às suas palavras cruzadas.

Arislene já estava sonolenta. Parecia desacorçoada até mesmo de seus problemas. O longo tempo de conversa deve ter esvaziado os significados de suas desconfianças. As unhas já estavam cobertas havia muito tempo. Permaneceu no salão porque não deixei que terminasse o assunto. Puxei, estiquei, só para ter o que fazer naquele lugar. Ofélia já roncava humilhada no sofá. Maria Rosa mantinha os olhos fixos num mesmo ponto do chão, como se perseguisse um raciocínio que ali estivesse rabiscado.

Quando os relógios apontavam onze horas e quinze minutos, Erlinda preferiu resolver de vez a questão dando um esparrama no grupo. Levantou, passou a mão na bolsa e gritou para que todas fossem despertadas de sua letargia. "Eu não sou palhaça! Chega dessa história de 'estou chegando!'. Quero que essa vaca morra sapecada no inferno!"

Sem dizer palavra, coloquei-me de pé. Abracei Arislene e lancei sobre ela um olhar anisiano. Nenhuma palavra quis complementar. Saí do salão, encabeçando uma ação que foi repetida por todas. Pobre de Carmela, pensei. Era aniversário dela. Reservou uma mesa no Garbo de Nápoles com o intuito de comemorar conosco sua nova idade e essa vagabunda fez mais uma vez o que fizera a vida inteira: gerundiou.

Estávamos todas prontas. Nenhuma de nós precisava de salão. Só a infeliz carecia fazer um retoque de cor. O salão seria o ponto de encontro. Eu insisti para que ela fosse mais cedo. Não faz sentido agendar às sete da noite uma passada na cabeleireira alguém que tenha jantar agendado para as oito. Faltou discernimento. Eu, Erlinda, Ofélia e Maria Rosa despencamos todas de táxi até o bendito salão da Osvalda. Lá, Gerúndia estaria a esperar-nos. Iríamos no carro dela até o restaurante. Carmela já tinha se adiantado, e solitária nos esperava, tencionando fazer as honras de anfitriã, mesmo não estando em sua casa. A noite seria de comemorações, mas Madame Gerúndia resolveu mais uma vez jogar suas botas enlameadas em nosso caldeirão de sopa. Carmela engrossou a lista das pessoas a quem o gerúndio vitimou.

A vida é assim mesmo. Mais cedo ou mais tarde, o verbo indefinido vem bater à nossa porta. Alguns se recuperam, outros não. Arislene está lutando para sobreviver. Rosalina não suportou. Eu estou aqui, tentando equilibrar na carne os malefícios da promessa não cumprida. Às vezes fico pensando que estou tão morta quanto Rosalina. Sepultura diferente, mas sepultura. Morrer nas esperanças é tão trágico quanto morrer no corpo.

Desde aquela noite eu ainda não consegui me encontrar com Carmela. Soube por Erlinda que a pobrezinha ainda não se recuperou da tristeza. Esperou até meia noite e quinze, quando foi gentilmente convidada pelo gerente a retirar-se do restaurante. A indefinição verbal ainda continua nutrindo motivos profundos para sua mágoa.

Sobre Madame Gerúndia ainda não sabemos muita coisa. Morrer, ainda não morreu. Tive notícias de que a bisca estava na semana passada fazendo compras na Tabacaria do Mauro. Nem satisfação nos deu. A nossa indignação foi tanta que resolvemos esperar que ela viesse ao nosso encontro. Mas, até hoje, nada. É provável que ela já esteja "chegando". Chegando aonde eu não sei, mas uma hora ela chegará. Ou não. Tratando-se dessa indecente, nenhuma palavra pode ser definitiva.

Pai de poeira

Ele era como um retirante em dias de seca cáustica. Trazia na alma uma orfandade incurável e conhecia de cor as histórias que ouvia contar nos breus do mundo, sobre a origem das estrelas. Eu era sua parte exilada. Filho deixado no ermo dos pastos, degredo vivido sob a vigilância de paredes tristes, amigo das palavras que os chãos secos pronunciam. Quando no desassossego da saudade tortuosa a ausência me fazia desejar o desnascer, eu buscava reencontrar minha origem na desordem das lembranças que sobre a alma ficaram polvilhadas. Na casa triste havia um pote d'água. Ele estava sempre seco. Seco feito os dedos longos de minha mãe tristonha. Com ele eu aprendia. Sede de amor também resseca a garganta. Deixa rugoso o caminho por onde o grito deveria escorregar.

A porteira que nos separava da estrada era tristonha. Desafiando as regras da secura, crescia por entre suas ripas a rama teimosa de uma erva daninha que aprendera a resistir aos castigos do calor. Nela eu me reconhecia. Era minha sina recobrir-me com os verdes rastros de esperança que o sol não conseguia anuviar. A porteira apartava-me do mundo, dava-me à vida que se esculpia na matéria retorcida de minha morada simples, lugar de onde eu via a estrada sempre coberta de poeira, saudades e esquecimentos.

O homem novo, meu pai, corpo rasgado e portador de vitalidade, vez em quando adentrava com solenidade as soleiras de nossa morada. Eu o esperava. Franzino, escondido nas roupas encardidas pela tristeza e costuradas num algodão sem riscos e entusiasmos de cor. Esperava, assim como a terra espera a hora de ver a chuva embeber seus poros, regando de significado as sementes cordatas e devolvendo aos córregos a alma que os faz caminhar na direção do mar.

O dia de sua chegada era feito de intermináveis alegrias. Um retorno regado de silêncio, mas carregado de devoluções, como se os gestos possuíssem linha de sutura genética, onde o segundo da linhagem ao primeiro se unia para conjugação de um desejo segredado, alegrando em dobro o coração único.

Ele foi causa de meus descobrimentos. O equilibrista na cidade vizinha fez-me ver de perto. No alto protetor de seus ombros provei muitos contentamentos. O parque de diversões com suas atrações de latas retorcidas e desenhos disformes nunca mais saiu de mim. Eu não acreditava no que via. Cores e luzes, gente visitada pelo riso, mulheres embrulhadas em vestidos felizes, almas que em nada me recordavam as almas opacas das mulheres que me desprotegiam, um mundo que se opunha ao preto e branco de minha casa.

Na necessidade de fazer-me chegar mais rápido, elevava-me sobre seus ombros, e juntos experimentávamos a destreza de suas pernas. Éramos um só corpo em dois. Na corrida de um tempo curto, espaço de percorrer um brinquedo e outro, costumava desembarcar em meus ouvidos fardos de palavras que me faziam rir.

Meu pai nunca soube ficar. Ouvia o constante chamado do mundo, a voz que inocula no corpo o desconforto da inadequação. Era sempre do mesmo modo. Um sorriso breve envolvendo a promessa de retorno, e lá se ia o corpo paterno, perdendo-se na poeira da estrada, deixando no corpo filiado o dolorimento da ausência.

A fonte das agruras brota sem minha permissão. Uma felicidade tem na costura do avesso o descontentamento de causas que desconhecemos. Nunca escondeu de mim seu desafeto por minha mãe, mas também não fez questão de explicar os motivos. Eu não sei ao certo a medida de suas primeiras mágoas. Não me foi permitido acessar a razão que provocou a primeira partida, o dia em que a poeira da estrada o convocou.

Em suas muitas idas e vindas, aproveitou para fazer feitio de mim. Quis saber-me de cor para que as muitas andanças não me apagassem de sua memória. Vez ou outra retornava para renovar as medidas. Olhos crescidos na direção que nos cega, sol de muitos caminhos, andanças causando o cansaço dos esquecimentos. Eu me deixava medir. Sempre breves suas estadas. Dormia ao relento. Naquelas paragens não havia nem mesmo o risco de chuva miúda. O luxo das águas não nos foi concedido. Fugido da mirada astuta de minha mãe sem dono, eu ludibriava o barulho seco da tranca da porta trincada. No meu pequeno deslocamento não cabia pecado. Meu desejo era pouco, quase nada. Ansiava por receber uma gota de homem sobre minha esperança ressequida.

Nossa casa era um recanto de mulheres tristes. Minha avó, minha mãe e minha tia. Tetas murchas por todos os cantos.

Tetas sem leite, sem estradas. O homem ao relento, meu pai bandido, desertor que nos primeiros raios da madrugada se embrenharia nos destinos da partida, me esperava. Coisas de homem a serem tratadas. Era assim. Na escuridão da noite eu procurava o corpo paterno. Aconchegava-me ao seu lado e punha atenção no compasso de seu respiro de homem. A tudo eu contemplava. A voz grave, a postura de quem não conheceu as delicadezas do mundo, a exata medida das mãos que minhas mãos gostariam de ter, tudo observado em silenciosa admiração. A barba cerrada, o olho capaz de enxergar-me no escuro, o alívio do medo, a devolução da vida. Meu pai e seu mundo profundo. Eu e meu mundo de estreitezas. Ele na liberdade de estradas que não conheciam destino nem fim. Eu, na solidão de paredes sensatas, prova de que os laços de sangue podem nos privar das alegrias, ocultando-nos em abrigos inóspitos onde prevalecem as pregas da cortina que nos desprotege sem piedade.

Nada do que eu desejava se cumpria. As mulheres eram muralhas que não permitiam o deságue dos rios da vida em meu território. Por isso minhas esperanças miúdas não se projetavam para além do desejo de receber a visita escassa daquele sobrevivente da poeira do mundo, aquela pouca ocasião de desatino e descompasso do coração, sensação que nos devolve a certeza de estarmos vivos.

A febre que há nas saudades muitas vezes me acamou. Cumpri na carne o tremor que o descontrole da temperatura provoca. A luta, o desejo, a ausência, o vermelho dos olhos, o encardido das roupas. As nervuras encardidas de minha alma pedem para ser quaradas.

De poeira em poeira um breve retorno me redimiu; o tempo de ter corpo pequeno se despediu de mim. Alguns anos se passaram. Longo tempo sem que ressurgisse na poeira da estrada. Quase cinco anos depois de sua última visita, retornou em tarde seca, mais seca que o comum. Justificou o sumiço com breves palavras. Cumpriu pena de prisão por motivo que preferiu enterrar num sorriso. Eu achei graça com tremor nos lábios, mas minha saudade, não. Eu, mais à altura de seu ombro, destino inevitável de ossos que crescem, o percebi mais perto. Orgulhou-se de me ver crescido, modificado. Falou-me com gentileza sobre a razão de sua pressa. Ouvi mas não entendi. No tempo pouco, escasso, uma palavra, um encosto de mãos, e meu pai se foi mais uma vez. Algo me dizia que ele nunca mais retornaria. E foi mesmo assim.

Dez anos já se passaram e nunca mais pude ver a silhueta de seu corpo rompendo a solidão da estrada. Eu ainda estou aqui, nesta casa que me seca aos poucos. O tempo devagar se vai. Divaga sobre os que se deixam por ele amedrontar e deles faz ruínas. Comigo não foi diferente. Eu sou ruína do tempo.

Desde a sua última partida fiz remendo na porta trincada. O remendo causou estranheza nas mulheres de tetas murchas. Eu nada disse para explicar. Gritei por dentro. Trinquei a alma na medida exata da fresta na madeira. A trinca que existia fora, agora existe é por dentro. É através dela que de vez em quando eu ponho a atenção no movimento da estrada, na ânsia de nela reconhecer a chegada de um homem coberto de poeira a gritar meu nome. É desse homem que sou desdobramento. O homem que o vento leva com facilidade, a poeira devolve com demora, e a alma pede sempre, por necessidade.

O velório

Aurélio Gamarra cruzou a porta de entrada, penetrou a sala principal, contornou o defunto com reverência e foi encontrar descanso nos braços de Manuelina Sobreira, a viúva desolada. Durante o abraço de condolências, dividindo o olhar entre a viúva e o pequeno papel que empunhava, destilou em palavras chorosas o motivo da visita. "Eu sei que a hora não é apropriada, mas quem acertará esta notinha comigo?" A voz falsamente sentida não conseguia esconder a ansiedade monetária.

"Fale com Regilane, Aurélio", solicitou Manuelina, como se pedisse a paz mundial. Antes mesmo que direcionasse o corpo para a aventura de encontrar pelos cômodos da casa Regilane, a jovem moça que a partir daquele dia somaria aos seus substantivos a palavra órfã, uma voz rascante fez-se ouvir por todos. "Aurélio, que falta de psicologia de sua parte, querido. Regilane está abalada demais para administrar pagamentos. Seja compreensivo. Volte noutra hora, depois que tudo estiver terminado." Era Irene Barra Mansa, a mulher que todos sabiam ser amante do falecido. Todos, menos Manuelina, a viúva desolada e melhor amiga de Irene.

A frase de Irene demorou-se em meus ouvidos. Uma reverberação oriunda dos sortilégios que são comuns às palavras que nunca dizem o que realmente dizem. "Depois que tudo tiver terminado." Irene que ficasse calada. Ou que findasse o conselho na assertiva proposta: "Volte noutra hora!". Ponto. Absolutamente dispensável sua tentativa de colocar panos quentes sobre a febre que a morte acendera. Nada daquele ritual sórdido poderia ser terminado. As flores murcharão, as velas findarão, o corpo receberá a guarda da sepultura, mas nas almas que ficam a morte estenderá o manto de sua cruel continuidade.

Absorta em meus desconsolos, olhos grudados no rosto sórdido de Irene, sinto vontade de levantar-me para oferecer-lhe uma sova de pau. Bater bastante naquela cara lavada até que confesse que não acredita em nada do que acabara de dizer. Esfregar pimenta em sua boca, fazer o mesmo que minha mãe fazia toda vez que meus lábios se prestavam a oferecer formato verbal à mentira. O teatro não era sem razão. A palavra mentirosa resultava da necessidade de dispersar, ainda que só naquele dia, o conhecimento que toda a comunidade tinha de sua bandidagem. Com os olhos fixos em Gamarra, Irene, a amante, a Barra Mansa, completou a interferência: "Perder o pai de maneira tão trágica deve ter-lhe provocado profundos estragos na alma".

Minha ira se avolumava. A bisca resolvera dar continuidade prosaica ao despropósito de interferir onde não fora chamada. O que ela pretendia? Dar uma demão de tinta na realidade? Tentar ocultar que apunhalava diariamente as costas de Manuelina? Esconder de si mesma que mantinha sociedade secreta nos préstimos do marido da amiga, o traidor que agora estava reduzido à derradeira decadência, a horizontal?

Contemplei Aurélio. O seu olhar parecia perdido diante do conselho recém-recebido. Reconhecia-lhe a lógica, mas não possuía forças que permitissem observá-lo. Sua sobrevivência dependia da desgraça alheia. Desde que entrara no ramo dos serviços mortuários, o pão que lhe chegava à mesa passava pelos corpos frios que encaixotava e fazia parecer felizes. Dialética conexão. Sua alegria nascia de lágrimas alheias, brotava de sepultamentos, aparatos cristãos, coroas de flores, velas e urnas.

Sem titubear, já abandonando as feições contritas com que chegara, Aurélio esclareceu: "Preciso pagar as guias no cemitério, do contrário, não poderemos sepultar o féretro de Heliocastro". A voz rompante tomou conta de toda a sala. A divisão da questão não era sem razão. Gamarra queria livrar-se da armadura cruel que lhe vestiram as palavras de Irene Barra Mansa. Por isso fez questão de gritar a todos o motivo tão particular; afinal, o féretro, essa palavra estranha que Gamarra usou para substantivar o transporte final do viúvo infiel, interessava a alguns poucos naquele ambiente. Talvez estivesse crente de que a morte germina a solidariedade, faz ser de todos o que é natural ser de um só.

Gamarra repetiu a sentença. Dessa vez com mais ênfase. Havia uma urgência em sua declaração. O enterro estava marcado para as dezesseis horas e trinta minutos, momento triste, em que o dia também começa morrer, e, naquele exato momento, o relógio principal já anunciava quatorze horas e quinze minutos.

Manuelina interrompeu o luto e vociferou: "Respeite a minha dor, infeliz! Tantos anos enterrando maridos, esposas e filhos e ainda não sabe que pagamentos não combinam com lágrimas?". A viúva recebeu o imediato amparo de Aurora Venâncio, a prima mais jovem de Heliocastro, que no gesto de levantar-se bruscamente da poltrona em que assistia ao tosco espetáculo, tropeçou no tapete, quase mordiscando a beira do féretro que estava sendo cobrado publicamente. A queda foi evitada por Irene Barra Mansa, que, lépida e precisa, atributos que certamente a preservaram de ser descoberta nos braços de Heliocastro, segurou no ar o corpo frágil de Aurora.

"Pelo amor de Deus, Cornélio. Será que você não pode fazer este pagamento e depois incluí-lo no pacote final?" Essa foi a sensata indagação de Iracema Bustamante, a viúva do saudoso capitão Viriato, homem destacado pela bravura e pelo funeral que reuniu quase mil pessoas numa chuvosa manhã de domingo. "O meu nome não é Cornélio, dona Jurema. Meu nome é Aurélio, nome que me foi dado pela saudosa madrinha Sofia Bernardes. Por favor, não modifique o que madrinha determinou." Iracema, que também fora confundida, sendo chamada de Jurema, viu-se impactada pela voz sentida de Aurélio. Não sei ao certo se a reação do especialista em féretros foi verdadeira. O que sei é que o chamamento equivocado permitiu ao homem que até então carregava o jugo de acusações ser também portador de ressentimentos.

Antes mesmo que um desfecho para a troca de nomes fosse dado, outra voz resolveu manifestar-se sob a forma de prece. "Misericórdia! É só o que pedimos! Há um homem morto nesta sala. Em nome da Virgem de Guadalupe, respeitem a memória dele. A paz está sendo perturbada por conta de uma promissória que ainda nem venceu. Que descalabro!" Era Estevita, a irmã do defunto.

Enquanto a irmã de sangue gritava pelos céus, irmã Brígida, uma freira cansada da burocracia da justiça divina, resolveu apelar para a justiça humana. A voz rouca a denunciar embargo provocado pela nicotina soou impaciente. "Que desrespeito! Isso é caso de polícia. Pare de incomodar a família, Aurélio, ou eu mesma farei um telefonema para o delegado Dagoberto."

A interferência da freira nicotizada surtiu efeito. O silêncio finalmente prevaleceu. Todos os olhos estavam em Aurélio, que, visivelmente perturbado, encontrou um canto para alojar o corpo, mas não a vergonha. A notinha continuava em suas mãos. A notinha da desgraça, a notinha da sobrevivência, ponte que faria chegar ao conforto de sua casa o arroz, o leite, o pão, as urgências do corpo, que se irrita ao menor sinal da fome ou cansaço, mas também as urgências supérfluas, roupas de cama, essências florais, sutiãs bordados de Rosalva Gamarra, a esposa que gasta metade dos rendimentos da família com luxos e pequenos desperdícios.

Ao meu lado, desfrutando de confortável visão dos acontecimentos, Lourdinha Fonseca pronunciou frase curta entredentes. "Estou estarrecida!" Também estou, pensei. Não sei ao certo o que Lourdinha compreende quando diz o que diz. A boca que expulsa a palavra nem sempre conhece as entranhas do sentido. Em Lourdinha o adjetivo soou tão particular como se não carecesse de significar o mesmo que aos outros significaria caso fosse dito em alto e bom tom. O estarrecimento é consequência natural provocada pela vida. A sala estava repleta de motivos para a aplicação do termo. A morte, a traição, a conta cobrada, a imobilidade do devedor, a não compreensão dos presentes para com a urgência do pagamento da guia, a imposição de uma responsabilidade descabida, fruto do sangue, da obrigação que o vínculo gera. Tanta coisa possível de estarrecer. A profissão exercida sob o ruído do pranto, a amante solícita, o preço do féretro, a freira sem escatologia.

"A que horas Deus o chamou, Manuelina?" A fala frugal e provocadora de enjoos é de Lupércia Laurentino Vargas. Hospedeira de todas as falsidades do mundo, a velha senhora tentou dissipar a névoa que o desarranjo provocara. Manuelina não desperdiçou palavra com a megera. Um movimento de negação cumpriu a missão de comunicar o desconhecimento da hora. Desnecessária a indagação, considerei em silêncio semelhante ao de Heliocastro. Já era sabido por todos, graças à língua de Doroteia Calamares, que Regilane, a órfã, havia encontrado o defunto nas primeiras horas da manhã. Segundo Calamares, Regilane, não suportando o choque que a cena lhe provocara, ao mirar o pai morto, soltou um grito e caiu desfalecida.

O calor da tarde não nos oferecia indulto. O silêncio era profundo. Com as contendas temporariamente adormecidas, a morte volta a prevalecer. Percebendo o hiato facilitador, Aurélio Gamarra voltou a cruzar a sala, ansioso por alcançar a porta que o devolveria ao jardim da entrada. Quando já era engolido pelas portas, ainda pude ver a notinha em sua mão.

Um aperto no peito me comprimiu. Pobre homem. A humilhação pública também é morte.

Retorno ao féretro. Manuelina acariciou as mãos rígidas do marido. Repetiu na carne morta o que muito fez na carne viva. A morte não dissipa o sentido. Estava abatida. A tristeza lhe esculpiu sulcos ao redor dos olhos. As lágrimas desciam fartas pelo rosto estreito. O marido morto era a fachada da dor, mas sofrer é tão particular. Não é mensurável o quanto daquelas lágrimas era pelo marido que parte. O amor não se prende aos papéis, mas desdobra-se em muitos outros. É possível que o marido também tenha sido pai, irmão, amigo, amante. Na morte de um, todos morrem. Num único corpo uma infinidade de perdas.

Estava afetada. Os cadáveres que Manuelina velava me comoviam. Manuelina me congregava, mesmo que não soubesse. A tristeza da cena me arrebatava. Da comunhão espiritual passou à comunhão física. Permiti o rolar de lágrimas contidas e rapidamente passei aos soluços. Perdi o controle. Percebi o tremor do corpo como se ardesse em febre. Lourdinha segurou minhas mãos. É certo que estranhava minha comoção. Não era nada de Heliocastro. Fazia parte da vizinhança e só. Isadora Medeiros, visitada pela misericórdia, socorreu-me com um copo de água com açúcar. "Beba, minha filha. Vai acalmar seus nervos!" Obedeci ao comando. O gosto doce me enjoava. Manuelina percebeu o acontecimento e me ofereceu o olhar. Não consegui escapar. Estávamos cúmplices. Olhava-me como se compreendesse todos os motivos do meu choro, como se desvendasse o que até a mim mesma era estranho. Obedecendo ao chamado de sua voz ausente, levantei-me e caminhei em sua direção. Manuelina me abraçou. Depositei minha cabeça em seu ombro e me entreguei sem rédeas ao choro. Ela fez o mesmo. Amparando-nos mutuamente, caíram por terra nossas estranhezas. Deixamos de ser as mulheres que se cumprimentavam por motivos de cordialidade e passamos ao profundo estado de comunhão que só a dor permite. O abraço nos estreita, diminui distâncias, facilita a partilha. "Obrigado, Marina. Só você consegue saber o que realmente perdi." A voz de Manuelina era tão baixa que nem ela mesma devia ter ouvido o que disse. Com a estreiteza do abraço nenhuma palavra poderia escapar de nossos corpos. "E só você sabe o que eu nunca tive para perder." Confessei sem receios.

O abraço se desfez. Manuelina segurou firme minhas mãos e cravou os olhos nos meus. Nos lábios pude ver um sorriso alojado, alegria sob custódia. A viúva comemorava minha descoberta. O reconhecimento de meu vazio. Trinta e seis anos vividos e só naquele momento tive consciência de minhas ausências. Já estava acostumada à solidão. Já estava habituada a saborear a mesmice da rotina, a condenação de não ter ao meu lado uma pessoa que abrigasse muitas outras. As perdas múltiplas de Manuelina me tocaram. O acabamento fúnebre, que por ora recebia sua alma, fez-me querer modificar as estruturas de minha vida, como se o choro manso de suas agruras tivesse me arrancado da letargia que me consumia sem que dela eu tivesse conhecimento. As lágrimas ali choradas lavaram o limo deixado pelos longos anos vividos na solidão. Abraçada à viúva de Heliocastro, costurada de forma simbiótica à sua tristeza, uma alegria incomensurável me invadia. Um acontecimento imprevisível. Saí de minha casa motivada a cumprir um preceito que cabe à boa vizinhança, oferecer condolências à família enlutada, e, de repente, fui impactada por uma nova leitura sobre mim.

"Que bom que você veio!" A fala de Manuelina reconheceu minha ambiguidade. Naquele cenário de morte, o meu reencontro com a vida. Visitada pela gratidão, soltei-me de suas mãos e me aproximei de Heliocastro. Coloquei minhas mãos quentes nas dele frias e sobre elas fiz o santo sinal da cruz. Durante o gesto cristão, um pensamento inevitável me ocorreu. "Heliocastro, seu vagabundo traidor, obrigado por ter morrido." Depois, peguei a minha bolsa, cruzei a sala, desci as escadas da entrada e marchei na direção da Funerária de Gamarra. O motivo? Fui acertar com gosto a notinha da discórdia.

A mulher acabada

Estou sob sombras. Meu desejo é colocar a alma na janela para que receba a claridade miúda que renova as esperanças. Tentei recobrar a pouca oportunidade que a juventude me dera, mas não pude. Quis reunir pequenas coragens, fragmentos humanos que a memória abrigou nos tempos idos em que eu ainda alimentava o sonho de gerar filhos, mas em vão. O vão entre o desejado e o acontecido é uma paralisia que não posso curar. O verdureiro já se foi com outra, casou-se, semeou filhos em outra barriga, e nunca mais voltou ao portão que nos enchia de sonhos, verduras e coragem.

Esperança tem limite. Eu aprendi. Não há amor que resista aos gritos roucos de homens que expulsam os amantes de seus portões prateados. Portões nos quais o verde-musgo de ervas que pareciam veludo denuncia o movimento do tempo, ao passo que a cal recém-aplicada conferia aspecto imaculado ao muro antigo que delimitava minha prisão. Os tijolos largos das edificações monstruosas não eram por acaso. Filosofavam a céu aberto o que os homens de minha casa pensavam a respeito das duas mulheres que os serviam dia e noite. Mobília, parte da configuração material que precisava ser protegida. Nenhuma interferência seria bem-vinda. Objetos sempre à mão. Ouvidos que precisavam estar atentos ao menor ruído de fala, grito de ordem. Sob a mesma condição dos objetos da casa, nós, eu e minha mãe.

Foi assim. Amarguei a ventura de crescer em meio a nove homens. Amarguei a sina de ter sido gestada em ventre obediente, escravo, submisso. A restrição virou registro em minha alma. Cicatriz no caráter. Voz engolida que muito pouco balbuciou desejos, aspirações. Voz que desaprendeu de falar, albergada em um corpo a quem não foi ensinado a ser feliz.

Minha fortaleza habitada foi aos poucos sendo desarmada. Não sei ao certo como se deu o ruir de cada tijolo. O que sei é que as primeiras trincas vieram na época em que os casamentos foram sendo arranjados. A saída definitiva de cada irmão, todos eles, cada um se emaranhando em outras descendências, fazendo filhos, criando novas sentinelas, escravizando outras mulheres.

Quando o último irmão desceu as escadarias do casarão, minha mãe mergulhou num esquecimento definitivo. Os olhos parados numa mesma direção foram ganhando camadas de névoa. Nunca mais eu pude ouvir-lhe a voz. Submersa num silêncio sepulcral, encerrou seus dias aconchegada nos braços da indiferença.

Com a morte de minha mãe, a voz rouca de meu pai perdeu peso. Tentou gritar inúmeras vezes comigo, mas era sempre surpreendido por uma tosse seca, que disparava um tiro morteiro na raiz da voz. Restava-lhe o ódio do olhar. O lacrimejo avermelhando as órbitas tinha voz ainda mais detestável. Ardia sobre mim como o sol do meio-dia na cumeeira da casa desprotegida. Um ano depois de minha mãe ter partido, o ciclo da fortaleza que testemunhou a passagem de minha vida foi fechado com o sepultamento de meu pai.

Depois daquele dia, restou-me a solidão da casa, os entulhos de uma vida inteira precisando caber dentro de mim. Não há ninguém que possa me ajudar nos encaixes. O território, antes tão merecedor de sentinelas, é agora descampado. A vigilância de antes não existe mais. A fortaleza dos muros já não significa o mesmo que significava. Todos sabem disso. A cidade é pequena. Segredos não sobrevivem quando as janelas são tão próximas. Nunca houve retorno de irmãos, nem mesmo para breve visita.

Eu confesso que desejei. Imaginei motivos. Quem sabe uma devolução de amor. Não é possível que a fraternidade não tenha deixado rastros. Um fio tênue de saudade talvez. Uma lembrança a ser dividida; um pedido de perdão que por acaso tenha sido gerado num breve engasgo de remorso, quando a consciência esclarecida faz vir à luz o erro cometido, não sei. Pode ser que o sangue grite mais alto, cure a surdez da indiferença, faça gritar a ausência, o desejo de rever a carne que transporta o mesmo sangue. Há sempre um espaço reservado para o crescimento de uma delicadeza na alma bruta. Pode ser que o amor encontre brecha, passagem. Pode ser que os corações empedernidos tenham sido forjados pela força do medo que meu pai impôs a todos. O seu semblante era monstruoso. Nele encontrávamos o retrato de sua alma. Severo, como os acordes graves de uma sinfonia. É certo que meus irmãos também o reprovavam. Vai ver que eram todos sensíveis, amáveis, meninos medrosos residindo nos avessos dos rostos rudes e sisudos.

O tempo passou. Ninguém retornou para ver-me. É do alto desse calvário que enfrento sozinha que ouso gritar: tudo está consumado! Gosto desta frase. O sofrimento de Cristo nela descansa. Ela cessa a via crucis, a ladeira penosa, o estreito caminho da morte. Tudo está consumado! As palavras deslizam da boca que sofre gerando um suspiro profundo, derradeiro. Descansa Cirineu. Faz com que ele retorne à sua casa para reencontrar a mulher e embalar as crianças. Cala o canto de Verônica. Devolve-lhe as falas simples que ordenam as regras da casa. Dispensa as mulheres chorosas. Faz com que reencontrem suas rotinas domésticas, que coloquem para dormir os meninos curiosos que se entretinham com o sangue rubro do crucificado. Repito para mim mesma. Tudo está consumado. O que tenho da vida é este casarão repleto de memórias que não sei carregar sozinha. Inadequada. Sou assim. O tempo ido não se foi daqui. Insiste em prevalecer. Cimenta sobre mim o consumado que à materialidade pertence, mas ao mesmo tempo me empurra para o inacabado da alma, para esse recanto humano onde as horas mortas ainda movimentam seus ponteiros.

Estou velha. Não posso negar. A confirmação veio pela voz diabólica de Neusa Venâncio. A ocasião me impediu de esbofeteá-la. O chá já estava servido, e comadre Henriqueta não merecia aquela desfeita de minha parte. Eu me encaminhava para tomar um ar no alpendre da sala quando a voz da infeliz atingiu meus ouvidos. Chegou conduzida por um fio de vento. É claro que a víbora não tencionava que eu ouvisse suas impressões sobre mim. A voz entredentes não tinha outro endereço senão os ouvidos de Eltina Marcondes. "Achei Florinda tão acabada!" Falou e soltou um risinho de imensa satisfação. Minha boca secou na hora. Aproveitei o movimento em direção à porta da sala e procurei imediatamente o caminho de minha casa. Lugar de sofrer é na intimidade do lar. Os antigos sabiam disso. A espessura das paredes de minha casa me autorizam choro e gritos inconsoláveis. Foi o que fiz. Por duas horas e meia, debulhei-me em lágrimas diante do espelho de minha penteadeira. Depois de digerida a ofensa, tomei um café amargo e cheguei à conclusão de que Neusa estava coberta de razão. Estou mesmo acabada. O rosto que tenho não combina com inícios. Eu tenho cara é de fim, epílogo... O que sobrou são os créditos finais, assim como no cinema, quando, depois de longa projeção, o filme é reduzido a nomes que não nos interessam e que sobem lentamente ao som de uma trilha sonora triste perpassada por sons diminutos.

Eu estou mesmo acabada. Tantas vezes usei a mesma expressão para falar de outras. A vida é ingrata. Um ciclo inevitável. O que hoje começa, um dia terminará. Eu comecei nos idos de 1922, quando, numa manhã fria de junho, fui recebida pelas mãos ágeis da parteira Leonira. A casa já estava cheia. Minha mãe trouxe ao mundo oito filhos homens. Fui a última a nascer. Vi minha infância esvair-se no exercício de uma rotina exaustiva. Todos os serviços da casa eram feitos por nós duas. A labuta era constante. Mas foi num intervalo entre uma trouxa de roupa e outra que pude prestar atenção aos olhos vivos de tão verdes de Rômulo, o mocinho encarregado de entregar-nos as verduras todos os dias, logo pela manhã, horário em que os homens estavam envolvidos na lida com o gado e o café.

Rômulo era filho único de Valdêncio da Mata, famoso por ser o grande produtor de hortaliças da região. Apesar de moço, Rômulo trazia no rosto uma maturidade de homem feito, como se a verdura dos olhos e das folhas indicassem uma prontidão de caráter suficientemente maduro para subir ao altar. Eu não duvidei do que vi. Prendi nele os meus olhos também verdes, e juntos começamos a nutrir um amor feito de silêncios esverdeados.

No início, a timidez natural de gente que não sabe muito bem abrir as porteiras das palavras. Obedecemos. Mas, com o tempo, a gente foi-se arriscando em pequenas iniciativas. Ora um comentário sobre o viço das folhas, ora uma reclamação sobre a miudeza dos tomates, e o custoso da palavra foi fazendo as malas. A natureza vegetal abriu fendas nos territórios de nossa timidez, e aos poucos as falas fluíram para contextos mais nobres. Falamos de nós. Desnudamos nossas expectativas e descobrimos que tínhamos sonhos em comum. Rômulo também sofria com os maus-tratos do pai. Tinha desejo de erguer seu próprio lar. Falou que desejava casar. Filharada correndo pelos quintais empoeirados, felizes, descobrindo as grandezas do mundo a partir das pequenas proporções da propriedade. As descrições minuciosas de seus rebentos me estremeciam o ventre. Era como se aquelas palavras cumprissem a função profética de anunciar que a parideira seria eu.

Mas não foi assim. Depois de dois anos de pequenas iniciativas e quase concretizações de beijos, Rômulo resolveu ir buscar ventre que já estivesse pronto para receber o primeiro de seus descendentes. Casou-se com Mariana Verdana, uma mocinha pobre que não teve os mesmos impedimentos que eu para dizer sim ao rapaz. E assim vi partir o homem que me verdejou de esperanças.

Ando pela casa. Busco a poltrona onde sempre deixo a cesta em que estão as toalhas que bordo. É minha forma de passar o tempo. As paredes estão ainda mais volumosas. É condenação inevitável que do tempo recebo. A velhice diminui o corpo. O atrofio da musculatura é prenúncio do fim. A morte avança aos poucos sobre as estruturas de minha carne. Estou partindo. Da velha poltrona avisto o verde da porta. Ele me amedronta. Nele há a disposição de um sonho antigo que desejo perder de vista. Mas, antes disso, o tempo. Mais cedo ou mais tarde, a vida irá me dispensar desse ofício tão duro de ser quem sou. Eu espero. Verde. Sem verdejos. Desesperante.

O não lugar

A casa no descampado seco avançou territórios imaginários e veio me visitar. Andou léguas nas estradas que encaminham sonhos e bateu à minha porta quando o dia já estava ladrilhado de pequenos retalhos de escuridão.

Eu a olhei sem receios. Tudo estava como antes. A cerca de não cercar ladrões, simbólica, quase a denunciar pobreza. A delimitação do espaço a pedir respeito, caridade; a parede de adobe, as janelas sem harmonia, restos de demolições antigas, provindos de gente que desconhecíamos; o cachorro triste, faminto, e eu, quase mulher, na varanda de uma vida nunca acontecida porque sempre negada. Tudo estava impregnado de um odor estranho, mato ressequido, poeira, vento a levantar a secura da estrada triste e sem destinos.

A curva na proximidade da casa era lugar de esperança. Quem sabe a solidão das tardes não seria quebrada por um retirante quebrantado pelas mesmas causas que eu, e, agregados, pudéssemos diminuir a solidão do mundo, a começar por nós. Eu olhava a curva. Olhava com os olhos compridos, cumprindo a proeza de enxergar para além do que me era possível. Depois dos olhos que enxergam, os olhos que sonham.

Eu vivia num corpo constantemente vestido de algodão cru, sempre o mesmo, nunca o imaginado, o de cores vivas a insinuar alegramentos. Na pequena sala, eu e minha mãe cumpríamos o ofício de ser mulher. No desabrido de horas a fio, as cores na urdidura refletiam os desejos proibidos de nossas almas. O entrelace dos fios facultava-nos um conhecimento superior, capaz de suplantar a realidade e levar-nos para além daquelas paredes agônicas, tristonhas, herança de antepassados que a memória nunca pôde sepultar. Mas tudo isso imerso em silente confidência, ajudadas pela comunhão que comunica, mesmo estando secas de palavras.

Meu pai e meus dois irmãos passavam boa parte do dia na labuta com o pequeno rebanho. Cabras acabrunhadas, magras e sem viço, todas elas acostumadas à tristeza. Como nós. Pastos menos secos careciam andanças demoradas. Fios verdes na vastidão avermelhada da terra valiam o empenho de um dia todo.

Quando a noite nos devolvia uns aos outros, um violão de cor maturada era trazido para o meio da roda. Meu irmão mais moço ainda descobria razões para cantar os amores estranhos que as canções evocavam. O amor e sua face contraditória nos invólucros das harmonias tristes. Cabocla que perdera a vida esfaqueada pelo amante, assassino confesso; joão-de-barro que aprisiona a amada para imputar-lhe pena pela traição; histórias que eu escutava em silêncio, enquanto bordava sonhos dentro de mim.

Calada, eu ouvia o ruído das cordas que se misturava ao barulho dos bichos sobrevoando a pequena lamparina acesa. Naquele pavio curto, pálido, obtuso, eu reconhecia a verdadeira face da vida. Eu, na contemplação primordial e absoluta daquela hora, pedia a Deus a graça de morrer antes dos trinta. Tuberculose, destino prematuro de infelizes damas de outros tempos. Doença de poetas, escritores, gente especializada em investigar a tristeza humana e a partir dela forjar o verso e a prosa que na ferida se esconde. Estranha aptidão de enternecer o sofrimento e suas conjugações. Eu queria. Ansiava por chegar ao fim, cruzar a linha de chegada empunhando cestos de palavras, o sofrimento do mundo transmudado e descrito por mim.

Certa noite, eu, que nunca havia partido em busca de destino avulso, resolvi implorar permissão. Os olhares emoldurados por rugas prematuras deram sentença final à minha imploração. Nenhuma palavra precisou ser dita. Os olhares fizeram comigo o mesmo que a noite faz com o término da tarde: deitaram escuridão.

Os dias se passaram sem que minha solicitação virasse assunto. A escuridão permanecia sobre mim. Sete noites depois do pedido, resolvi dar meu passo definitivo. Quando o dia ainda se mantinha alojado em seu descanso de ser luz, quando a noite soprava o vento de suas paixões proibidas, ultrapassei a soleira da porta da sala. Com a roupa do corpo e duas mudas de anágua amoitadas numa pequena sacola de pano, lá fui eu na direção de meu destino incerto. Andei três dias e três noites, fazendo apenas pequenos intervalos para receber a caridade de quem se dispusesse a tê-la. No alento de horas mais frescas, tempo em que o sol descansa no encosto de uma nuvem, aproveitava para um breve cochilo repositor de forças.

Houve um dia em que cheguei mais longe. Ponto de partidas importantes para lugares diversos. Corada de vergonha adulta, resolvi pedir favor. Bilhete de ônibus para um lugar qualquer. Foi o que pedi. Foi o que recebi. Qualquer estrada já é destino para quem não tem aonde ir. E assim eu fui. Partindo aos poucos, chegando em partes, desbravando o mundo, alcançando vitórias miúdas que não ouso contar. Anos e anos em experiência de êxodo. Vi amanhecer o tempo de minhas paixões. Alojei na carne o desatino do amor precário, mas também recebi na alma o consolo do amor paciente, fiel. Morreram os amores, nasceram as dores. Partejei minha cria única em prematura chegada ao mundo e a vi suspirar nos meus braços sua agonia final.

Amei muito, sofri também. Vi nascer, vi morrer. Recebi em minha vida uma infinidade de pessoas. Tudo passou. Só o tempo, esse cobertor de cera que devagar vai sendo depositado sobre minha pele e apagando sem piedade o brilho de minhas retinas é que ficou. Ele é o único marido que não me pediu divórcio. Com ele estou casada. Será meu viúvo.

Estou trinta anos distante daquela noite em que a soleira da porta me viu partir. Não fiz o movimento de retorno. Eu não sei voltar. Nunca soube o nome de minha terra. Nosso pai nos privou de saber. Sempre que se referia ao lugar de nossa paragem, era de forma estranha e amarga que o fazia. Nosso descampado era distante de tudo. Não sei de onde parti e por isso não sei para onde deveria voltar.

A saudade é grande. Avolumou-se com o tempo. O barulho da roca provocado pela madeira triste é música que resguardo na alma. O olhar sem brilho de minha mãe é um quadro que ostento na sala principal da memória. O lenço alvo na cabeça, a condição de mulher inscrita no sacramento do pano, sua devotada forma de suspirar rezando, lábios costurados de mistérios a segredar motivos para os quais eu ainda não estava preparada, tudo compõe um retrato, cena de uma época que hospedo na residência de meus afetos.

Eu não sei se já fui feliz. O que sei é que trago uma melancolia registrada na alma que parece rir o tempo todo. Um riso tênue que nem chega a clarear o sorriso. Penso em meus irmãos. Não sei se ainda vivem. Tento imaginar o que foram capazes de alcançar com seus braços curtos e pernas que não aprenderam a partir. Penso em minha mãe. Penso no seu jeito triste de me amar. Gostaria de vê-la só mais uma vez. Só para ter a oportunidade de dedicar-lhe um olhar demorado, sem distâncias. Queria ficar com ela em solidão. Arrancar-lhe o lenço, pentear-lhe os cabelos e enfeitá-los com flores do campo. Vestir-lhe vestidos vermelhos, felizes, perfumados. Destrancar seus lábios para que pudesse falar de seus medos, receios, desejos. Queria assentar-me com ela na cama, entrelaçar-lhe as mãos em movimento de cumplicidade e contar-lhe tudo o que a vida me permitiu viver. Confidenciar-lhe os medos que experimentei na partida, a vida de retirante que assumi, e ouvir as confissões de seu coração envelhecido. Queria perguntar-lhe o que nunca soube perguntar. Investigar seus prazeres ocultos, suas alegrias miúdas. Queria desenterrar de sua boca a risada nunca permitida, o grito eufórico, o desabafo. Queria fazer o que nunca recordo ter feito. Aconchegar minha cabeça em seu colo, aninhar-me indefesa, entrelaçar meus braços em suas ancas de mulher, pedir-lhe socorro, proteção. E depois, balbuciando como uma criança que se sabe amada, eu lhe pediria que me retornasse ao ventre, para que, no exercício de sua maternidade, ela me devolvesse ao primeiro estado de minha vida estranha. Eu e ela. Indistintos corpos numa única urdidura biológica. Simbiose silenciosa que jamais seria rompida por contrações musculares que inauguram a partida que nunca cessa. Eu no ventre. Adormecida na indivisa condição de pertença. Eu ventrifixada, não acontecida, preservada para todo o sempre do tortuoso destino de nascer, de romper as entranhas, de expor minha alma de sombras aos desconfortos da inclemente luz do sol.

O mapa

A expressão era pura. Os olhos profundos pareciam ter visto de perto as tristezas do mundo. Ele era menino. Não em idade. Menino na condição. Infância preservada, como se uma proteção lhe tivesse sido colocada por Deus, permitindo-lhe passar pelo tempo sem que suas marcas viessem alojar-se no rosto.

Perguntou-me pouca coisa. Quis saber a respeito do destino da estrada que seus olhos avistavam no mapa. As mãos eram pequenas, mas os gestos possuíam o dom de agigantá-las. O risco vigoroso dos dedos pelo papel encurtava as distâncias. É certo que ansiava chegar. Arrastado por desconhecidas razões queria que a concreção da estrada tivesse as mesmas dimensões diminutas que possuía no papel que a indicava. Eu quis saber o motivo de sua viagem, mas me ative ao secreto do desejo que sua voz guarnecia. Nos avessos daquela fala, muita gente amada estava escondida. A destreza dos dedos revelava que, embora o corpo ainda estivesse em processo de deslocamento, a alma havia muito chegara ao destino.

Ele me parecia faminto, necessitado de banho, cuidados. Decifrei em seus olhos a necessidade de cama pronta, lençol estendido e travesseiros alvos. Tudo isso eu tinha. Só não tinha a coragem de oferecer e pedir que ficasse. Poderia soar estranho aos ouvidos do moço. O que desejaria eu, uma velha moldada pelos dissabores da vida com um homem que ainda possuía as chaves dos vastos destinos do mapa em mãos? Quem sabe eu pudesse argumentar que os sofrimentos das estradas merecem alívios e que andar prolongadas distâncias carece descanso temporário, paradas repositórias. Mas não o fiz. Ocultei o meu instinto materno no avesso dos olhos e me limitei a atender o seu pedido. Depositei as minhas mãos trêmulas sobre seu mapa pardo, e fiz com o dedo, riscando com leveza e insegurança, o caminho a ser seguido.

A viagem dos dedos repercutiu dentro de mim. Também eu gostaria de arrumar as malas, dizer adeus aos clientes de todo dia; desobrigar-me de suprir as necessidades das famílias da vila, e partir, sem culpas, com o moço recém-chegado. Meu desejo era rasgar o papel moral assumido, o estatuto incorporado, carbonizado em minha carne por meu pai.

Eu, que até então cumprira o destino de ser lugar de seus registros, carne à qual fora imposto o limite de ser do outro a continuidade, de repente, vi-me desejosa de abdicar da função delegada, quebrando os simulacros daquela responsabilidade imposta.

O conflito estava posto. A pergunta do moço retirara o véu do meu santuário. Rasgara a proteção que durante tanto tempo servira à minha alma. A verdade estava à mostra, assim como a ferida quando perde o invólucro do curativo. O olhar do moço me expunha à vergonha de minha condição. Revelava-me o desconforto que durante tanto tempo desconsiderei. O meu pequeno mercado era quase nada diante das possibilidades daquela estrada. Era miúdo, mas prendia-me. Compreendi. No barro daquela construção antiga eu antecipava o meu sepultamento. As edificações me aprisionavam. Nelas eu desacontecia, perdia aos poucos o significado da existência, reduzindo-me ao cumprimento de funções práticas, vazias, alheias.

É sina de velho sofrer por heranças, pensei. O peso da matéria infarta a veia por onde correm os sonhos. A matéria impõe fardos porque as coisas significam. E porque significam, aprisionam. É na concreção da matéria que a tradição sorve o respiro. Com o passar do tempo, pedra deixa de ser pedra, vira memória. O mercado que herdei de meu pai é o sacrário onde hospedo meus antepassados. A casa também. Nas paredes que me cercam estão sepultadas memórias que preservo também dentro de mim. Uma preservação que não passou pela minha escolha. A memória se impôs, ocupou meus campos, fez-me cativa.

Tudo isso pude compreender naquela hora, como se a chegada daquele estranho tivesse provocado um vento que retirou a poeira que até então repousara sobre minha história. A pergunta do moço partejou essa nova consciência. Ao olhar aquele mapa tão cheio de destinos pude perceber quanto minha existência fora reduzida a poucos metros quadrados de mundo. Naquele breve encontro eu pude viver um nascer tardio, como se a pergunta despretensiosa daquele rapaz pudesse desmascarar meu estado de não ser.

Eu era prisioneira da memória. Vivia para preservar a presença morta dos já morridos. Aquele recanto miserável não representava absolutamente nada para mim. Como é que pude ficar tanto tempo distante dessa verdade? Bem que meu finado pai poderia ter vendido essa joça antes de seu morrer definitivo. Fosse assim, eu estaria livre para a aventura de perder-me nas estradas do mapa, e cruzar com os pés o que, no intervalo de um breve sonho, eu havia cruzado com os dedos.

Queria o dom de esquecer. Que confortante viver a oportunidade de olhar para o muro e nele não encontrar rosto familiar. Andar pelos cômodos da casa e deixar de ouvir as vozes dos que partiram, mergulhada numa estranheza, como se tudo fosse visto pela primeira vez. Todas as coisas reduzidas a serem o que são. A pedra é pedra. Nada mais. Nenhuma abertura de sentido para a materialidade. Isso facilitaria a venda de todo aquele amontoado de construções irregulares.

O menino escutou-me sem pressa. Olhava-me pretendendo gravar cada detalhe de minhas explicações. Ouvia-me como se quisesse transformar minhas palavras num roteiro simples que lhe possibilitasse chegar ao lugar tão almejado. Por certo tinha medo de perder-se. Todo mundo tem. Desse medo ninguém escapa. É sina que herdamos de Adão, o miserável pai das misérias, o primeiro perdido dos homens.

Eu quase não me perdi na vida. Meus destinos sempre foram muito próximos, calculados em medidas estreitas. Matemática aplicada; coisa de quem não conhece o prazer que há no esquecimento das regras. Eu gostaria de ter conhecido o gosto de ficar perdida, mas não conheci. Sempre achada, posta no lugar esperado eu amarguei a vida inteira cuidando do mundo como se todo ele tivesse nascido de minhas entranhas. Eu sempre me ocupei de filhos que não são meus. Meu pai me obrigou a seguir esse caminho. Nem pude consultar o mapa. Ele o fez por mim. Deixou-me um roteiro de destinos poucos, e a eles me acostumei.

Minhas distâncias não são muitas. Da casa para o mercado; do mercado para a casa. Nunca a surpresa de uma mudança. Vida sem muitas curvas. Cada um tem sua sina. Essa foi a minha. Enaura livrou-se disso. Casou-se mesmo sem amor só para ver-se livre de meu pai e dos fardos da memória. Foi embora depois do casamento e não voltou sequer para sepultar o velho que nos fez cativas.

Recordo-me daquela tarde triste. O sol parecia escaldar a cidade com seu poder de acender labaredas em campos secos. Eu sofria calada. Uma fome terrível parecia me varar inteira. Fome no estômago, nos joelhos, nos olhos. Fome para a qual não existia pão. Eu olhava para ele em sua moldura de madeira e pensava em quanto ele me dominava. "Tudo estava consumado!" A frase bíblica demorou dentro de mim. A morte é uma solução estranha que desperta em nós sentimentos ambíguos. Eu estava triste. Uma tristeza estampada. O extremo das lágrimas me era permitido. O choro é a justificativa que nos estampa na tela de maneira coerente. Mas também estava feliz. Uma felicidade velada. O extremo do sorriso seria afronta aos estranhos. Eu estava feliz por razões diversas. Felicidade oculta a mim mesma. Felicidade de um renascimento que brota da partida definitiva de quem não me deixou viver como eu quis.

Quando chegou a hora de descer o corpo à sepultura, o céu estranhamente se cobriu de nuvens escuras. Um vento gelado começou a soprar, dando-me a sensação de que os árticos estavam chegando para um cumprimento formal de condolências. Aquele frio atingia muito mais que as margens de minha pele. Invadia-me com uma severidade tão intensa que nenhum cobertor no mundo poderia aquecer-me. A boa sensação fez-me ficar de pé. Terminado o sepultamento, ajeitei-me a um canto do túmulo e comecei a dizer o que precisava. Desabafei meus desenganos, contei-lhe tudo aquilo que ocultara durante toda a minha vida. O desejo de casar-me com Augusto Vieira; a desilusão pelo desprezo dele; o desejo de mandar matar Elvirinha pela traição. Disse tudo o que pude. E depois, secando lágrimas que nunca secam, fui ocupar-me de minha orfandade.

O moço permanecia me olhando. Um olhar de necessidade, temporário. O seu destino estava paralisado, em minhas mãos. O mapa continuava sendo a sua preocupação. Mal sabia ele que outros mapas eu percorria na profundidade de minhas estradas interiores. Estradas que não se materializam, mas que me fazem chegar. Compreendido o caminho que deveria fazer, ele me agradeceu sem doçura. O olhar já não estava mais em mim. Ocupou-se de seu alforje e nele começou a remexer procurando importância perdida. Depois de muito vasculhar, segurou uma pequena foto de mulher. Quis perguntar sobre a pessoa da fotografia, mas não tive coragem.

Fixado na pequena imagem fotografada, pude perceber em seus lábios um breve ensaio de sorriso, alegria emoldurada por uma simplicidade que me fez querer chorar. Finalmente, depois de contemplar a mulher estampada na revelação desgastada, elevou os olhos em minha direção e, com delicada pausa de respiro, perguntou se eu conhecia bem as estradas que ele ainda teria que percorrer. Eu disse prontamente que não. "Eu nunca fui por elas. Na verdade, eu nunca pude ir. O meu destino é ficar!", pontuei.

Ele me olhou com profundidade e, como se estivesse decidido a roubar-me a alma, enlaçou-me num abraço não anunciado. "Estou indo buscar o meu destino de ficar!" Contou-me, segredando os motivos que não cabem nas palavras. "Estou indo reencontrar minha mãe. Já são vinte anos de prolongada distância. Fiquei sabendo de seu paradeiro e por isso resolvi fazer o caminho de volta!" Mostrou-me a pequena foto que havia buscado e continuou: "Fui levado quando ainda tinha três anos. A pobreza era muita. Ganhei a oportunidade de crescer melhor, estudar, conhecer o mundo. Já fiz tudo isso!".

As palavras, poucas mas tão cheias de partidas e chegadas, fizeram-me querer o esquecimento da crueza de meu mundo. Quisera eu ter uma mãe a quem pudesse resgatar. Recolocar a vida na perfeita ordem da infância, quando o tempo das tardes nos proporcionavam a proteção das saias que dominavam o mundo. Ela, soberana e operária do amor, a cuidar de nossas incompletudes com a mesma destreza com que bordava as colchas de suas encomendas. Ela, mulher recortada em moldes, riscada com esmero, talhada para ser inteira mesmo nas pequenas partes. Ela, minha mãe, morta de maneira tão inesperada, prematura. Numa tarde quente de verão doído, com um corte profundo no pulso, despediu-se de uma vida visitada por desesperanças.

O olhar do moço estava em mim. Nele eu me reconhecia, mas com diferenças. Via o meu coração órfão, amolgado, sem mapas, sem estradas. Via o meu desejo de retroceder no tempo, de alcançar o destino das estradas que poderiam me reconduzir ao lugar de minhas esperanças. Via de perto o meu não ser, o nunca atingido, o para sempre inacessível.

Notei que sua mão procurava a minha. Estendi. Cumprimentou-me com cordialidade, agradeceu-me e pediu perdão pelo tempo que me fez perder. Inapta para as palavras, limitei-me a oferecer um sorriso dominado pela tristeza. Dentro de mim, um turbilhão de sentimentos. Mas ele desconhecia a revolução que havia provocado. O resultado final daquele encontro era um só. Queria que ele me levasse com ele e dividisse comigo sua mãe.

Com o mapa ainda nas mãos, despediu-se com um sorriso agradecido. Observei os seus passos. Nele havia uma porção de vida preparada, movimento que o devolvia à possibilidade de voltar ao lugar de sua origem. Aos poucos, o moço foi se perdendo na estrada, ou se encontrando, não sei. Pude olhá-lo até o momento em que uma nuvem de poeira me impediu de continuar a contemplação.

Ele seguiu só, mas acompanhado da certeza do reencontro. Eu permaneci. Sobrou-me o opaco da vida, o caminho miúdo, o estreito retorno que me devolveria às paredes de minha herança. Mergulhada no desejo de também prosseguir, ir adiante, alcançar o destino que me foi reservado, voltei meus olhos na direção da casa. Tracei sobre mim o sinal da cruz, desejosa de exorcizar o demônio de minhas culpas, e voltei meus passos na direção de minha única estrada.

Os pés macios na estrada dura se deixavam tocar sem medo pelo pó clarificado de sol. As horas aflitas do dia já se rendiam às mansas da tarde. Do alpendre de minha casa pude ver que o coreto da matriz estava repleto de crianças. O barulho sem trégua recordava-me os reboliços de uma felicidade distante no tempo. Olhei-me sem piedade no grande espelho da sala. O breve abraço do moço ainda se demorava em minha carne. Recolhi as gaiolas dos passarinhos que estavam junto à porta da cozinha e neles identifiquei um parentesco espiritual. Também eu sofro de confinamento. Em breve presenciarei a chegada da noite. As sombras filhas das horas cairão sobre mim sem piedade. Eu as receberei sem medo. Quem não tem aonde ir precisa descobrir a graça de ficar.

Alma sob sombras

Os sorrisos eram poucos. As alegrias também. Mesmo assim, o cheiro da vida insistia em varar os entrelaces da morte. Chegava feito vento manso, quebrando os malogros adâmicos da condição humana, emprestando brilho, ainda que temporário, ao coração que se comprimia nos estreitos labirintos do meu corpo. Era nele que as vozes do destino gritavam a ordem peremptória: viver, sim, viver, ainda que fosse para sofrer a condenação de ser o território onde a existência praticava a inelegância de armar suas tendas, esparramando suas rendilhas, mesmo quando minha vontade não acenava permissão.

Ao imposto respiro eu respondia. Os meus olhos assustados teimavam em sofrer de esperanças. Neles estavam erigidas pontes imaginárias que facilitavam a chegada de andantes distantes, gente que pudesse trazer retalhos de futuro para que eu abrigasse a alma do frio provocado pela mesmice. Alguém que me ajudasse a remover os monturos do pretérito, das idades idas que ainda acampavam na memória, alguém que pudesse me fazer esquecer as tortuosas litanias do tempo.

Eu não desistia. Encontrava nas frestas daquela condenação a piedosa face redentora dos sonhos. Na miséria da parte estava o bom da vida, feito fatia de céu que se dá aos olhos depois de chuva intensa e escuridão. Quem pudesse mirar que o fizesse, que sorvesse, que acolhesse a miúda alegria pelo empenho de um observar aprimorado.

O sofrimento me ensina: a vida não se priva de caminhos. Abre clareiras quando pode. Feito água que descobre as fendas por onde caibam suas estruturas inacorrentáveis, fluentes, líquidas. O todo do mundo adentrando o miúdo do meu corpo, fertilizando-me particularmente, escrevendo em minhas retinas as memórias que hoje funcionam como mosaico no qual me decifro.

Já estou crescido. O corpo alcançou medidas que me distanciam dos sofrimentos daquele tempo. Da janela observo ao longe o movimento do mar. O silêncio me conduz ao afrontoso canto que as águas entoam quando limitadas pelas pedras. É violento o que ouço. As águas protestam. A fixidez do limite faz sofrer o ser que se deseja livre. Embate que nunca terá fim. A luta externa me alcança. A água que se quebra na rocha me reporta aos embates que também experimentei. Aos poucos, o canto amargurado me toma pelas mãos e me conduz ao coração de minhas lembranças, ao mar bravio que em mim se abriga, ao recanto de minhas reservas.

O corpo crescido cede lugar ao menino arredio que ainda chora escondido em alguma esquina da alma. Quadro humano. Retrato da existência em preto e branco. Apenas detalhes de cor. A imagem revelada não esconde o que na cena é naturalmente trágico, mas a clausura prateada de uma moldura feliz empresta riqueza, simula leveza. Tudo em fragmentos, mas no inteiro de minhas memórias. Sorrisos recolhidos de reencontros acontecidos. Mixórdia do tempo, que chamo de variações da vida. Resquícios de festas ainda bem preservados, rostos embriagados de tristeza, folia cantada na altura de montes, para que a cidade inteira voltasse a se alegrar com as cirandas do tempo e redescobrisse, num súbito movimento de horas curtas, a alegria de estar viva em noites de lua clara. Reminiscências incontáveis. O todo na parte. Eu, total, mas espargido, assim como as ondas nas estruturas dos rochedos.

Já nasci órfão. Meu pai, em sua ausência dantesca, tinha ares de soberano nazista. Bem que poderia ter aprendido os valores da simplicidade, da revolução escondida na paternidade amorosa, na voz que faz prosa porque ama, nos braços que alojam no peito a cria de sua pertença. Bem que poderia ter aprendido a partilha que o amor sugere e, assim, ter oferecido aos filhos um coração que não parte porque sabe que deixará partido aquele que fica. Um coração que se desdobra na arte humana de desenhar na alma o caráter que nos identifica como rios do mesmo sangue.

Mas não foi assim. Em seu mundo de dimensões menores nós não cabíamos inteiros. Na morada estreita de suas predileções não ousávamos bater à porta. Eu olhava de longe, longe, bem de longe. Olhava abrigado na lonjura que era posta pelos meus medos. Não queria que minha necessidade de proteção viesse fazer ruído em sua janela. Eu sempre temi o desconserto das palavras que rejeitam. Fazia de tudo para evitá-las. O olhar que aparta quando acompanhado da palavra que expulsa é golpe mortal na alma. E por isso a proteção da distância.

Eu não tinha aonde ir. Minha sina de ficar era fogo que me consumia. Restava-me o infortúnio de chorar sem lágrimas o destino de não me destinar a ninguém. Restavam-me algumas poucas ranhuras de poesia na alma, o estertor da palavra que a alma inventa para não ser tão silente, para não ser tão só, e só.

Vez ou outra, minha alma embriagada de tristeza e arte desbravava estradas como se possuísse os poderes ocultos dos heróis mitológicos que cedo conheci. Eu me enchia de sorrisos marotos e, longe de minhas atrofiadas coragens humanas, viajava pelos corredores das cidades que nunca foram pisadas por meus pés. Montando alazões alados eu costurava a realidade de minha dureza permanente ao macio temporário que há na textura da quimera. Minha mãe, mulher retirante e prisioneira de borralhos eternos, de repente, na luz de um pensamento poetizado, transformava-se em rainha de um reino que não tem fim. Os molambos de outrora eram transmudados em vestidos cobertos de pedras preciosas. Sonho a revestir a vida de ressurreição e garbo. Carruagens, bailes suntuosos, príncipes a procurar por sapatos de cristal, esquecidos, assim como eu, nas escadarias do tempo.

O portão da casa era triste. As pessoas também. O que se via nos olhos do irmão mais velho era o abandono mais profundo. A voz pouca era fruto da agressão constante. Armadura pesada a esconder gente miúda. O ruído da mágoa ameaçava o acorde da paz aparente. A covardia tomava conta de nós. Melhor que fosse embora, insistia meu pai. Um prato a mais à mesa era ameaça que não poderia ser desconsiderada. Mas e o amor que devotávamos a ele? Só porque chegara a maioridade já tínhamos de realizar o ritual da despedida? Não é possível conciliar o crescimento com a presença materna? É justo ter que acreditar que só as crianças precisam de colo? As perguntas nunca foram feitas porque as respostas nos calavam antes. Silêncios amanhecidos e gritos mal dormidos decoravam as paredes de minha vida.

Morte de mãe é terror que ainda oculto em minhas sombras inconscientes. Numa tarde de sol escaldante, vi um cortejo conduzir a mãe de um dos meninos da redondeza. O triste sem fim. O ritual das exéquias, o abandono do corpo. O descimento ao sepulcro aconteceu quando a tarde era tragada pelas línguas apressadas da noite. Depois do rito fúnebre, o rito da vida, o retorno. Mergulhados em silêncio, nossos passos nos conduziam pelos labirintos da cidade que não interrompera sua rotina para ver o corpo materno se despedir de seu menino compungido. Ou seria o contrário? O menino era quem dava adeus. Deu a Deus, devolveu o ventre que o recebeu no mundo. Mas Deus não precisa dessa mulher, pensei. Olhem para o menino, e reconhecerão o verdadeiro necessitado. Ouçam seus soluços, esmiúcem com sinceridade cada parte desse acordo, e descobrirão a injustiça sendo feita. Pudesse eu recomeçar os destinos do mundo, e a mulher sairia de sua frieza. Reconstrução da cena. Roupa limpa e passada em fim de tarde, cheiro de café, voz na janela ordenando para que retorne à casa a cria de pouca idade.

"Vem, meu filho. Retornei a ser sua! Vem depressa! Deus considerou que você precisa muito mais de mim do que Ele.

Meu corpo voltou a ser vivo e não há nenhum resquício de terra em meus cabelos!"

E de novo o grito de festa. Menino a chorar em convulsões de alegrias. A vida e sua rotina feliz. Rosto sujo de contentamento; joelhos esfolados; grito de repreensão amorosa, cheiro de bolo recendendo no ar. A voz da existência a cantar grandezas miúdas, a expressão mais aprimorada do amor, o fino do desejo; insinuações de eternidade; bater de porta que paralisa o tempo de roer unhas e nos coloca no prumo de uma continuidade que não findará.

De volta ao que fui. O frio na espinha repercutia na fala. Palavras trêmulas costuradas nas bainhas dos versos que alguém cantava no rádio. Quisera eu ter aquela voz. Quisera sair daquele sepultamento antecipado e receber o mesmo tratamento que aos artistas era dispensado. Receber as chaves da cidade, ser recepcionado por uma comitiva. Levaria comigo meu irmão. Ataria o destino dele ao meu. Poria fim ao medo de vê-lo partir em manhã chuvosa e o redimiria das condenações de seus afetos.

A vida e suas distâncias. As causas de minhas estranhezas eram alheias ao meu pai. Ele não me via de perto. Aos seus olhos eu morava com as estrelas. O que ele sabia ver bem era o gado no curral. Visão aprimorada de detalhes. Mas quem éramos nós diante do gado portador de valor? Não tínhamos a mesma marca de ferro. Nossas ancas não estavam queimadas com as iniciais vistosas de seu nome. O que tínhamos era um sangue tímido, quase morto de tão lento a caminhar pelas veias de nossa carne. O sangue dele, a herança que a ele nos configurava, o vínculo obrigatório, o depósito, a condição.

Pudesse eu mugir os meus desafetos como o gado mugia a sua fome, quem sabe poderia merecer o soslaio do seu olhar, a curiosidade que diminuiria a distância. Tivesse eu a força de um querer, ainda que menor, pulsando nos labirintos de minha alma, e quem sabe assim eu me prostraria diante de suas botas tão cheias de pressa e destino e, num misto de silêncio e lágrima, descobrisse um fio de voz que pudesse implorar-lhe a adoção tardia. "Queira-me como filho, meu pai. Queira-me, meu pai, queira-me."

As lembranças derrubam lágrimas pelo meu rosto. O corpo crescido ainda não se livrou das mágoas da infância. Apoiado na janela, permito que o choro manso se transforme em soluço farto. A tempestade provocada pelas lembranças me domina. Dos meus olhos brotam rios de ressentimento. Ao longe, águas e rochas ainda se provocam. É a tragédia do mundo na metáfora desse encontro. Eu e meu pai. Um encontro de solidões.

Um tesouro em vaso de barro

Estou premida de recordações. Só não posso prometer parir um sonho. Estou fraca demais para essa proeza. O que agora promovo da existência é essa pequena dose de respiro. Fio de ar que me toma sem que por ele eu decida. Viver? Só por imposição. Mas essa privação de motivos há de passar. É certo que cedo ou tarde eu venha retirar as amarras da alma. Mas por ora quero o claustro erigido por minha amargura. Não estou disposta a desfilar aos olhos do mundo minhas idiossincrasias. Meu horizonte está amiudado, apequenou-se assustadoramente.

Mas essa apatia não é sem razão. A morte prematura de Alícia é acontecimento que não se acomoda dentro de mim. É volumoso o que sinto. Tão volumoso que pelo corpo é derramado. Aperto no peito, embrulho no estômago, formigamento nas pernas. O desconforto me ensina que é somático sofrer. A tristeza encontra aqueduto nos ossos, cria sulcos, escorrega pelos microfiletes de sua composição e no corpo se hospeda.

Eu esperava por ela. Havia pedido minha ajuda para a escolha do texto que seria registrado no convite de seu casamento. A gráfica do Germano oferecia uma infinidade de opções. Fórmulas românticas, prontas, novidade recém-trazida da cidade grande, que o alemão solitário fazia questão de propagar. Era tarde chuvosa de inverno, e Alícia sofria para administrar o excesso de alegria. Eu assistia a tudo com preocupação. Alícia parecia possuída por outra pessoa. Invasão de corpo. O rosto, antes era plácido e melancólico, fora substituído por feições nas quais o riso não tinha descanso. A moça calma e serena de repente se tornara um poço de ansiedade, como se um óbice futuro já ameaçasse alojar-se em seu caminho e brutalmente retirasse de suas mãos o motivo de sua felicidade. Alícia parecia visitada por pressentimentos nefastos que lhe imputavam a urgência de ser feliz. O que do riso enxergávamos parecia-nos simulacro, como se na costura interna daquela euforia já pudéssemos perceber o trabalho silencioso da traça a roer as alegrias.

Aquele surto de felicidade não era sem razão, o casamento com Ricardo Arame estava finalmente marcado. Depois de dez anos de sumiço, o infeliz resolvera dar as caras. Retornou quando a noite já depositava o seu cobertor de estrelas sobre o mundo, e nós, inundadas de solidão e pequenos espasmos de esperança, sentadas no coreto da matriz, contávamos histórias mentirosas a respeito de nós mesmas.

Quando o ônibus fez a breve parada no boteco de Jairo, Alícia levantou-se como se pressentisse receber notícia de morte. "Ele voltou!", gritou alto, convicta. Gritou mesmo sem ter a confirmação dos olhos. A fala sem dúvida parecia auscultar cada centímetro do conteúdo do ônibus à distância. O grito de Alícia varou a praça. Todos puderam ouvir. Mas naquele grito havia uma incongruência. Eu percebi. As palavras nasciam esperançosas, mas doídas. Dois sentimentos estavam macerados na conjugação daquela descoberta. Ele voltou!

O anúncio inesperado não carecia de contextualização. Voltar é verbo que requer pessoa. O tempo passara, e Alícia não sofrera mudanças. Continuava alimentando a quimera antiga de ser esposa de Ricardo Arame. Só por ele esperava. O seu grito estava atado às horas mortas de sua espera, ao tempo vivido na solidão tortuosa, quando a alma de joelhos rogava aos desconhecidos inventores dos sentimentos humanos que dela tivessem piedade.

Alícia já nasceu costurada na bainha de Ricardo. Desde pequena, quando o cinzel do tempo lapidava ainda seu corpo de menina, já suspirava convicta de que Ricardo seria seu marido. Ricardo cresceu entre nós. Filho de Constâncio Brado Arame e Maria Florentina, nunca demonstrou aptidão para os vínculos definitivos. Ricardo já nasceu partindo. Recebera alma nômade, aventureira. Era notório. Nunca foi capaz de concentrar-se nos estudos. O único divertimento que o mantinha quieto era brincar com o globo terrestre. Rodava-o, maravilhando-se com os movimentos. Tão logo conseguiu escapar aos olhos dominadores do pai, Ricardo fugiu de casa. Aventurou-se pelo mundo afora e só retornou dois anos depois, para breve visita à cidade, quando já trazia nos olhos a coragem de não se curvar mais aos ditames do progenitor. Desde então, Ricardo nunca mais fixou paragem. Fez das estradas sua casa. O não lugar o seu destino.

Diferente de Ricardo era Alícia. Nascida para ficar. Pés enraizados amparavam a alma sossegada que naquela criatura

Deus resolvera soprar. Alícia possuía um mundo próprio. Não o mundo de nossas ruas e praças, o mundo de nossas finitudes. Alícia frequentava um mundo onde não havia a prevalência de nossas humanidades, um mundo cheio de sortilégios e arcanos sugestivos. Passava horas e horas com os olhos perdidos numa direção que não pertencia à nossa geografia. O olhar iluminado, notória aptidão para o mundo da sensibilidade, era levemente bordado de riscos sorumbáticos. Fugia quando queria. Gravitava por seu mundo particular toda vez que o silêncio debruçava-lhe sombras sobre o rosto, assim como a noite deita escuridão sobre a terra e faz dormir as cintilantes cores do dia. Mas tudo isso atada ao chão de suas origens. Nunca desejou ir longe, pois alimentava a confiança no retorno de Ricardo. Ela acreditava piamente que o cansaço do mundo haveria de chegar ao coração itinerante de seu homem e que, rendido, este encontraria nos braços dela o motivo para cessar as andanças.

    Ricardo nunca escondeu o seu carinho por Alícia. Em seus breves retornos, havia sempre uma jura secreta a ela reservada. A jura se avolumava no coração da moça. Refolhava os galhos ressequidos pelo inverno da ausência. É natural que tenha sido assim. Para alma tão afeita às naturezas oníricas, é compreensível que a promessa feita na intimidade do amor conjugado fosse capaz de perdurar. Ricardo sabia que Alícia tinha os pés costurados ao chão. Astuto, sabia muito bem que ela não esgotaria a seiva das palavras tão portadoras de promessa. Para quem muito sonha, um grão de realidade basta. Por isso ele não fazia questão de ficar. Perdia-se nos caminhos do mundo porque se sabia atado a um coração que por ele seria capaz de esperar a vida inteira.

Alícia era o porto, Ricardo o navio. A amovibilidade do homem estava diretamente sustentada pela imobilidade que o amor impôs ao coração da mulher. Pedra e água. Em Alícia, a segurança que alicerça, o porto sempre pronto a oferecer albergue ao viajante necessitado de guarida. Em Ricardo, o viajante que não sabe ficar. O homem que tem movimento de ondas sob os pés, o homem que obedece ao chamado de uma voz interior, e que recusa o definitivo da paragem.

Num desses movimentos, Ricardo retornou à cidade, depois de longa e tortuosa ausência por Alícia sentida. Durante quase quatro anos ficamos privados de notícias dele. Alguns já anunciavam sua morte. Afirmavam que Ricardo tinha sido brutalmente assassinado no interior de Minas. As especulações eram muitas. Alícia nunca dera atenção àqueles comentários apocalípticos, mas aquela ausência tão prolongada derramou sobre ela densa névoa de silêncio. Era notório. As palavras eram poucas, e o corpo da voz cada vez mais magro. Talvez tenha sido por isso que o seu grito vigoroso gelou minha alma. Naquela hora, um vento glacial soprou seus movimentos dentro de mim, como se meu corpo estivesse recebendo as frias inscrições de uma profecia triste. A voz de Alícia rasgou o morno da noite e chegou aos meus ouvidos como se a fímbria de suas palavras possuísse corte afiado. Aquele dizer tão curto parecia sentenciar destino inteiro. Na pequena conjugação verbal, vislumbrei a mansarda funesta onde Alícia sepultaria o futuro, os sonhos, a vida. Tudo dito e revelado num breve instante. Eu não sabia o que sabia. Apenas a convicção de que aquele retorno de Ricardo encetaria o tempo do sofrimento que sobre nós seria deitado.

Minutos depois do grito, Ricardo já enlaçava em seus braços o corpo frágil e preservado de minha amiga. A promessa de casamento continuava viva em seu coração de mulher. Em nenhum momento duvidou das intenções do famigerado. Recebera sua volta de forma simples: sem perguntas, sem imposição de culpas.

Ricardo voltou, mas não se prestou a contar o paradeiro dos últimos anos. Alícia não quis perguntar. Julgou-se feliz demais para dispersar-se em interrogações.

Com o retorno de seu homem, pela primeira vez ela manifestou o desejo de impor condições. Sem muito refletir, ele se rendeu. Marcou casamento para o 30 de agosto, dia em que Alícia completaria a sua terceira década de existência. Mas não houve tempo. O gosto de agosto não encontrou o céu da boca de Alícia. No dia 30 de junho, quando a alma estava embebida de felicidade, recebeu o certeiro golpe finalizador da existência. O grito seco varou a tarde úmida, e de minha casa pude ouvir. Clarissa presenciou o atropelamento. Alícia estava distraída e não viu o ônibus que descia a ladeira da Ribeira. Não houve tempo para que o motorista evitasse a tragédia. Debaixo das rodas grosseiras daquele mesmo ônibus que devolvera Ricardo ao seu mundo, Alícia encerrou sua espera. Em volta do corpo sangrado e estendido, convites de casamento se espalhavam pela rua.

Durante o velório só uma ausência era perturbadora. A de Ricardo. Ninguém sabia seu paradeiro. Ninguém conseguiu encontrá-lo para que recebesse o sôfrego comunicado. Só após o sepultamento pudemos recolher os panos que velaram temporariamente a verdade. Veio pelos lábios de Maria Inácia, a mãe de Ricardo. Disse que seu filho tinha partido na noite anterior à tragédia de Alícia. Ninguém sabia. Alícia partira da vida sem o conhecimento da desistência do noivo. Maria nos contou que Ricardo se arrependera da promessa feita e, na tarde que antecedeu o desfecho trágico, confessara-lhe que partiria logo nas primeiras horas da madrugada. A alma apátrida não se convencera de fixar morada. Não deixou carta, nem bilhete. Apenas responsabilizou a mãe de fazer chegar aos ouvidos de Alícia a decisão tomada.

Ao tomar conhecimento do fato, pude compreender o frio que senti na alma naquela noite morna. As peças tão desencaixadas daquele sentimento inexato estavam finalmente dispostas com clareza. O ciclo da compreensão estava fechado. Ricardo retornara à cidade para conduzir Alícia à morte. Retornara para oferecer-lhe um tesouro farto de felicidade, mas mortal. Um conjunto imenso de riquezas depositado num vaso de barro, uma estrutura frágil, fácil de ser ruída.

Ricardo conseguira domar a própria natureza errante, mas não por muito tempo. A alegria intensa de Alícia durou o tempo da doma. Cinco meses. Nesse curto espaço de tempo ele voltou, e ambos partiram. Partiram na mesma data, mas sem saber que partiam juntos. Partiram em direções opostas, mas preservados do conhecimento. Partiram ignorantes e ignorados por estradas que não confluem. Alícia se foi sem que seus olhos pudessem chorar a trinca do vaso. Morreu, foi resgatada pelas mãos generosas de um Deus que intuímos amar os fracos. Ricardo partiu da mesma forma que o fez a vida inteira: só. Partiu povoado de sonhos, rendilhado de promessas não cumpridas, levando consigo a alma órfã que nunca aprendeu a virtude da pertença.

No dia em que resolver voltar, e é certo que haverá de voltar, a realidade lhe imporá um fardo. O corpo estendido, os preparativos para a festa, os convites maculados pelo sangue de Alícia, tudo isso já recebeu destino e finalização. Mas o vaso quebrado do amor, a parte morta que do acordo ainda não recebeu o esquecimento da sepultura, ah, desse cadáver Ricardo não poderá escapar.

As ausências do mundo

Amanheci com desejo de infâncias. Os espasmos que me comprimiram o peito ao longo da noite auferem fragilidade ainda maior ao corpo que denuncia minha senectude. Sou território do paradoxo. Divido-me entre idade avançada e desejos inocentes. O meu querer é pouco, mas não tenho a quem dizê-lo. Um mínimo de desejo requer um mínimo de outro. Condição que aprisiona o acontecimento, já que não conheço outras formas de existência que não se concretizem sobre alicerces de carne e osso.

Queria simplicidades. Coisa pouca. Colo de mãe, olhar atento a me fitar, como se nesse exercício simples de amor pretendesse me saber de cor. Feições decoradas de tão olhadas, olhar de proximidade e vagareza, amor de entranhas e prolongadas carícias. Queria encosto de ombros aquecidos, mãos de mulher sobre minhas faces adormecidas, voz serena a confidenciar-me segredos, propondo postura, ensinando lisuras, registrando caráter.

Nas memórias da minha pele o abandono se hospeda. Nunca soube ao certo o efeito dos afagos. Só sei de ouvir contar. Nunca fui alcançada pelo carinho das mãos, senão no meu muito imaginar. Sou um projeto de construção que não saiu do papel. Não fui agraciada com as iniciativas dos alicerces.

Eu sei muito pouco a respeito de minhas origens. Um nome curto, sem sobrenome, sem história, cravado numa certidão de nascimento e só. Quando dei por mim, já estava solitária. Condição que se soma ao meu adâmico destino de ser frágil e desejosa de completude. Sempre andei na solidão. A luz do medo me invade com os mesmos poderes com que os remansos do rio se transformam em movimentos de mar. Medo de ser vencida pelas horas, pelo assovio dos ventos, que me recordam que não há proximidade de mãos que queiram sustentar-me no meio da noite, momento em que a escada que liga o quarto à cozinha é mais comprida que nas outras horas do dia.

A tosse quebra o silêncio da madrugada. Uma recordação me ocorre. Histórias tão vivas de gente tão morta. Dona Miranda à porta da sala solicitando aos gritos que eu me apressasse. A urgência do que eu trazia no embrulho não cabia nas palavras. Há momentos em que ovos são mais que ovos. O significado extrapola a matéria; metafísica que os livros sugerem e que a vida confirma. O bolo de fubá seria uma declaração de amor sobre a mesa. O oculto do benquerer só poderia fazer sentido aos que conhecem a natureza mística do gesto que agrada. O bolo se desdobraria em palavras que só os amantes seriam capazes de ouvir. Linguagem que não pertence à lógica dos discursos, nem dos recados corriqueiros, os que dizem: "Fui ali, mas volto logo!", "Deixa a janta no fogão, que depois eu esqueço!".

O amor não cabe nas palavras. Extrapola e alcança a materialidade que nos remete aos destinos do amante, resquícios ocultos em matérias que se deslocam. Gravatas esquecidas na gaveta da cômoda, frasco de perfume inacabado, alojado entre pertences envelhecidos no armarinho do banheiro. A vida permanecendo na matéria das coisas, registrando os sentimentos vividos em partes que os olhos alcançam e que o tempo faz questão de comer aos poucos.

Eu mesma quis observar a ciência das permanências ocultas. O leite branco tão à mostra na tigela transparente atribuía-lhe riquezas que não cabiam em seu valor proteico. Leite que deixou de ser leite, tornou-se instrumento de transporte por onde o amante viajava. No líquido que repousava na tigela, eu enxergava a corda invisível que me conduzia ao peão que o fazia chegar até mim. Afonso foi o amor de minha vida. Os braços fortes, moldados na dureza da vida, eram o descanso que minha alma desejava. Desejei até o dia em que se curvou aos perigos de um boi sem domínio. O chifre afiado penetrou o lado esquerdo de meu pretendente. Morreu sem ter conhecimento do meu amor.

Varei madrugadas a fio andando sozinha pelo pasto de seu destino trágico, desejosa de reencontrar resquícios de homem morto, espíritos que vagam à procura de quem não os tema, mas em vão. Nem mesmo a fé na transcendência me ofereceu consolo. Meu desejo era um só. Contar, ainda que ao espírito desencarnado, as intenções do meu querer. Vaguei ávida por acontecimento miraculoso, visão sobrenatural que me colocasse diante de alma penetrada de chifres, coração parado antes do tempo, espectro humano a quem eu pudesse confessar o amor sentido, o segredo que nunca encontrou o caminho das palavras, mas de nada adiantou. Afonso nunca veio visitar-me. Quem me dera pudesse tocar nas fendas mortas de seus ferimentos. Com minhas agulhas e linhas, suturaria aquele vazamento profundo; reorientaria o caminho do sangue, fazendo-o voltar ao labirinto das veias, revivendo o corpo, retirando-o do chão. Tudo em vão. O que tenho da vida é sua porção sem milagres.

Afonso trazia nos olhos a soma de todas as coragens do mundo. Foi na soleira desta porta que a morte o encontrou. Um batismo pagão que seu pai fez questão de conceder-lhe. Mergulhou o menino no sangue de animais sacrificados com o intuito de imunizá-lo contra o medo. Mas de vez em quando, nos azulejos da alma, a mesma onde a coragem veio erguer morada, um bordado harmonioso de prudências cristãs se sobrepunha aos rastros do sacramento recebido. E então, o homem crescido assumia um aspecto frágil, e saía a buscar pelos cantos da província algum regaço de mulher que pudesse devolver-lhe a ternura da infância. Mas quando prevaleceu a força do sangue, quando o sacramento recebido fez brotar a flor do inevitável, o homem forte e de idade pouca quis avançar pelos corredores do tempo. Avançou a fronteira das horas, desejoso de antecipar o seu processo de envelhecimento. Morrer é destino seguro, pensava encorajado. Foi no invólucro dessa coragem que os chifres certeiros do animal sem domínio o entregaram ao derradeiro combate.

Distante tantos anos daquela tarde triste, ainda fico a pensar em quanto aqueles chifres também me transpassaram. Com a morte de Afonso, minha orfandade sempre consciente parece ter avançado ainda mais sobre a estrutura do meu coração. Eu, que sempre me soube só, mergulhada no profundo conhecimento de meu limite original, ao ver partir Afonso, vi com ele findar o sonho de ter alguém que me resgatasse da sina de morrer indivisa. Alguém que desse sobrenome ao meu nome.

Mas o que dele eu podia esperar? Ele nunca se ocupou de mim, nem tampouco olhou com seus olhos grandes para minha presença miúda. Por que eu quis sofrer por ele? Por que o elegi como motivo de meu sofrimento? Por que o elegi o Cristo do meu calvário? Não sei ao certo. Honestamente, Afonso é supérfluo. Motivos não me faltam para sofrer, mas dor de amor é dor bonita, iluminada, cravejada de brilhantes delicados. O amor é uma ponte que nos leva na direção de mundos que desconhecemos. Ao sofrer por Afonso, eu encontro caminhos que me distanciam de minhas ausências. Cesso o degredo. Sou envolvida pelo sofrimento nominado, pelo sofrimento que me oferece um nome para recordar, um rosto para contemplar, uma memória para prantear. Sem Afonso, todas as minhas dores são pagãs. Sem ele, eu adentro desatinos ainda mais torturantes. São ausências que não foram perfuradas por chifres, que não deixaram retratos nem tampouco sinalizaram locais onde eu pudesse voltar para chorar a saudade sentida.

Meu coração sente saudades, mas não sabe de quem. Nunca vi o rosto de meu pai, nem de minha mãe. Não sei da existência de irmãos. Não há retratos sobre os quais debruçar-me, não há nomes que eu possa gritar no meio da noite escura. Não há feições para observar, pôr atenção chorosa. Afonso é o único motivo concreto de minha tristeza. Ele é a morfologia da minha orfandade. É a parte menor, eu sei, mas nominada, com rastros que meus olhos viram. Ele é a dor histórica que possuo. O ser nascido e morrido que ladrilhou de futuro o meu presente tão opaco. O resto é ausência sem face, sem corpo, sem testamento. Tudo residindo em mim, clamando em vozes uníssonas, gritando aos ouvidos de minha alma que o destino de todas as ausências do mundo sou eu.

O desapontamento do amor

Antero chegou. Antes não tivesse vindo. Talvez assim eu continuasse mergulhada no desejo de sua presença. Tê-lo ao alcance das mãos desencadeou meu desencanto. Ver os detalhes da bainha de suas calças, o ligeiro encardido do colarinho, tudo parecia remeter-me à conclusão de que a ausência é bem melhor que o peso do corpo, a dura matéria que produz sorrisos e secreções indesejadas. Antes tivesse me contentado com tudo o que dele imaginei. Cartas pousadas sobre o colo, palavras rasgando ao meio minha alma, tornando-me hospedeira de ansiedades felizes, provocando frio na espinha cada vez que um pensamento pulava a cerca da moral, do comportamento permitido, e aos braços de Antero me atasse.

O amor é mistério. Antes de abrir a porta eu portava em minha alma um candelabro imenso de motivos futuros. Ansiava atar minhas esperanças a suas calças, erigir em seu coração a morada onde eu envelheceria. Mas o inesperado aconteceu. A presença de Antero produziu um sopro volumoso na direção de minhas velas.

Ele voltou cheio de projetos. Depois de dois anos vivendo no interior de um pequeno país africano, chegou desejoso de casamento, laços eternos que lhe concedessem a tão desejada estabilidade afetiva. Eu já sabia de suas intenções. Foram dois anos de correspondência trocada com regularidade espartana. Alucinava-me ver chegar aqueles envelopes de cores fortes, vibrantes. Arrepiava-me saber que as palavras lavraram terras distantes para que pudessem ser colocadas sobre o meu colo, desembrulhadas como se fossem flores chegadas em cesto de vime, milagre que se constrói a partir de distâncias humanas, estradas e mares posicionados como molduras de um amor que faz chegar a presença, mesmo quando só a ausência é o que temos.

Antero estava em cada frase. No papel, o peso de sua alma. Falas embebidas de amor e promessas de fidelidade. Tudo me tocava. A caligrafia, a disposição das palavras, as dobras que conformavam a folha ao envelope, mas sobretudo a conjugação no tempo futuro. Eu voltarei, eu estarei, eu viverei. As correspondências eram repletas de promessas. Nelas eu me projetava inteira. O futuro prometido por ele me semeava de esperas felizes. Levava-me a esquecer as imposições e desgastes do presente, como se pela força do não vivido eu pudesse desprender-me das escravidões inevitáveis de minha indigência.

Durante o tempo das cartas eu o quis, eu o desejei, eu o amei. Desembrulhei em cada envelope recebido um detalhe de homem que se encaixava perfeitamente ao contexto de minhas expectativas. E por isso amei o amor distante, o beijo ausente, o abraço imaginado. Alimentei minha alma com as epifanias que os envelopes sugeriam. Adentrei o labirinto das palavras e fui buscar consolo para minhas ausências originais. Acendi o fogo da paixão, revesti Antero de perfeição.

Por isso augurei ardentemente o seu retorno. Queria tomar posse daquela terra prometida, findar meu êxodo, meu exílio. Ansiava por ver chegar o homem que abriria o Mar Vermelho de minha vida, o condutor que me faria atravessar a pé enxuto o oceano que me separava de minhas pretensas alegrias.

Chovia muito na manhã de sua chegada. Eu estava apreensiva. Quando ouvi sua voz gritando meu nome no portão de entrada, senti que minha alma realizava o primeiro movimento de retirada. A voz sem músculos não correspondia à voz de homem que nas cartas eu escutava. Abri a porta com o intuito de desvanecer o sentimento aterrador, mas imediatamente senti desabar as estruturas do sonho edificado. O Antero real não era o Antero das cartas. O cabelo molhado de chuva, as botas marrons com costuras claras, a camisa de algodão cru, tudo aquilo se opunha radicalmente ao homem que regularmente visitava minha alma com palavras. Naquele homem plantado em minha sala nada era longe. Tudo estava posto numa desconcertante acessibilidade. Nenhuma distância se desdobrava de seu corpo, nenhum mistério ardia em seus olhos.

Minha contradição. Eu, que tanto reclamara em cartas a urgência de seu retorno, de repente, estava ali, desejosa de que ele reencontrasse a estrada que o trouxera. Eu, que tanto augurei o entrelaço de seus braços, o calor de seu hálito a segredar-me confissões amorosas, o toque libidinoso de sua conduta de homem, via-me ali, aterrada no desconforto de minhas desilusões, vendo ser mitigadas as esperanças que durante tanto tempo aleitaram minha alma e a fizeram sobrevivente.

Meu inevitável silêncio. Nenhuma palavra a nascer de mim. Antero à minha espera, como sempre esteve. Agora em carne, osso, respiração ofegante. Em seu rosto pude ler o desejo de um abraço receptivo, mas eu nada pude oferecer-lhe. A vida nos colocou ali, naquele estreito retalho de mundo em que os olhos não dispõem de estradas por onde possam prosseguir em êxodo. Antero me olhava. Queria arrancar-me a voz, qualquer coisa que desse continuidade à ultima linha escrita, à fala amorosa que, emoldurada por um envelope, cruzara o Atlântico, assegurando-lhe que eu estaria pronta para o retorno que nos ataria para o resto de nossas vidas. Mas eu não tinha o que dizer. As confidências das missivas ficaram mudas. A cumplicidade das palavras estava dissipada, e um novo sentimento havia se estabelecido. Meu desejo era mandá-lo regressar ao lugar de onde viera, dobrá-lo como folha de papel e remetê-lo da mesma forma como remetia as cartas. Queria livrar-me daquela imposição material, virar-lhe as costas, reassumir o sossego do amor ausente, a carícia não cumprida, voltar a habitar o imaginado caminho que nunca nos permite chegar.

O alimento do amor é a espera. A realização do desejo esgota a chama que o alimenta. O ausente desejado é infinitamente superior ao real recém-chegado. Mas é sempre assim? Haverá um amor que poderá me desobrigar desse desfecho desolador? Haverá alguém que seja melhor que cartas, promessas e espera?

O meu desprezo fez do coração de Antero a casa da aflição. Seu olhar preso ao meu pôde compreender o que a boca não foi capaz de explicar. Há motivos que não cabem nas palavras. Naquela mesma manhã, ciente de meu desencanto, partiu rumo a um lugar do qual nunca tomei conhecimento. É certo que levou consigo um cesto de amarguras. Antero não é portador da mesma enfermidade que eu. A ele a realidade basta, confere felicidade, produz aconchego. É certo que a mulher que ele recebia pelas cartas era a mesma que naquela manhã o esperava. Não houve discrepância. O que sua alma esperava, o seu corpo encontrou.

Mas eu também não estou livre de carregar fardos. Minha alma continua a clamar pelo retorno do homem que habitava aquela correspondência e que de vez em quando chegava no resguardo de envelopes viajados. O Antero de botas e camisas, o homem que não trazia na carne o longe que tanto me seduzia, este eu não desejo. Eu ainda desejo e espero é pelo Antero das cartas, aquele homem imaginado, distante, albergue onde se alojavam todos os mistérios do mundo, o homem miraculoso que visitava minha alma e nela espargia cestos fartos de esperança.

É estranha, mas é minha condição. Eu não sou capaz de encontrar na realidade a consumação de meus desejos. Antero me ensinou isso. No ventre de minhas ausências, eu gestei um homem, um intruso que se alimenta de minhas expectativas. A ele concedo sopro, embalo no colo, deito em minha cama, amo com devotada fidelidade. Ele vive no profundo de minha condição humana. Habita o lugar onde o desejo não sofre com as deficiências da realidade. É por ele que anseio todos os dias.

Mas como poderá chegar aquele que espero, se ele já está em mim? Como compreender que essa presença já consumada não me poupa de sentir-me só? É inadequado o que desejo, eu sei. Esse homem inacabado que cruzou a porta de minha casa carece de voltar ao ventre para nascer de novo. Mas só eu sei o que lhe falta. Nenhuma outra mulher seria capaz de completar o que nele reconheço ausente. O homem que amo não nasceu. Ele dorme na solidão do meu ventre, desfruta do sossego e do conforto simbiótico de não ter autonomia, de ser totalmente outro, mas em mim. Minha loucura. Esperar pela vida é bem melhor que viver. Antero me ensinou o que eu não sabia. Ele me proporcionou o reconhecimento dessa vergonha. Olho para o meu rosto no espelho e descubro. Esse homem que tanto amo, espero e desejo sou eu mesma.

O outro lado

Muitas vezes quis correr na direção da canoa que me entregaria ao outro lado do rio, mas não pude. O que da medida mensuro e descubro é engano. Olho pela janela do quarto o estreito e escorregadio caminho. É vergonhoso reconhecer, mas essa é minha verdade. Minha vida inteira não coube na pequena distância.

Quis na oportunidade de uma doença mansa simular motivo grave, mas minha mãe se apressou em dizer que a cura já estava sendo cozida na chaleira. Ousei mostrar-me desejosa de cruzar o pequeno caminho, varar o rio, vencer o vento, alcançar o outro lado só para confirmar a saúde, mas em vão. A voz rasgada e de tessitura amolgada recordou-me o destino de ficar, a condenação constituída de amor e posse.

Aquele era o meu mundo. As ramagens curtas, o rio turvo e suas águas passageiras; o que dele fica mas não vejo; a canoa; o remo, a mãe, seus domínios de amor, e só. Eu ainda estava presa ao útero. Costura de linhas invisíveis, mas atadas com determinante razão – *quem ama não parte!* Apostolado exercido em porções monstruosas. Ela, a divina matriz. Eu, a mulher filial. Minha materialidade humana se prestando a ser o templo onde a divindade dela era exercida, enquanto eu, alma abrigada nos esconderijos da carne, vivia minha sina de prestar-lhe culto, servidão.

Minha mãe nunca me viu fora de si. Desconsiderou o corte do cordão que me identificou. Preferiu me compreender como continuidade sua. Atou-me na sutura de uma condenação pagã, assim como o diabo costura na alma do possesso a necessidade de destruir-se aos poucos para nele tornar-se. A ela permaneci unida sem saber sair.

O que há nesse rio que não me deixa partir? Por que não consegui desvanecer suas muralhas, alcançar o outro lado, a luz, a cidade desconhecida, a lonjura? Por que suas águas turvas me incitaram tanto o desejo de desenvolver asas e varar as distâncias, mas ao mesmo tempo me encharcavam de desesperanças? Por que sempre fui vencida pelo caminho escorregadio emoldurado por ramagens curtas?

Minhas inquietudes não alcançaram o poder da voz. Minha condenação de ficar fez-me muda e sem mudanças. E, porque rendida, da casa me fiz cativa, tornando o outro lado o sempre outro, o nunca meu, a Canaã que me foi negada.

Mas o ruir da fortaleza não tardou a acontecer. O primeiro golpe nas fundações foi a morte de Eusébio. Vi partir o menino que embalei primeiro, quando, por força do movimento das contrações, ele surpreendeu minha mãe com sua bacia de roupas na beira do córrego. Segurei o medo de sangue e, apoiando minha mãe pelas pernas, vi surgir de suas entranhas o redondo da cabeça humana. Escorregou para o mundo do mesmo jeito que eu desejei escorregar pelo estreito caminho. Eu o segurei no susto e, no ímpeto de uma maternidade instintiva, levei-o ensanguentado na direção de meu colo. Um choro profundo de razões desconhecidas me conduziu ao contexto das desolações justificadas. Ninguém me perguntou os motivos.

A tarde de sua partida partia serena. Vivíamos a hora melancólica da transição da luz. O grito foi dado por Corina, quando, na obrigação de trazer lenha para esquentar os banhos, resolveu apanhar amoras. Amoras que de tão roxas pareciam ser feitas de sombra. Roxo como as amoras, mas sem o predicado da beleza, Eusébio pendia morto de tão triste, ou triste de tão morto, não sei ao certo a ordem do descrito, do acontecimento turvo, como o rio, no galho da goiabeira sem frutos.

Todos correram num só movimento. A última a chegar foi minha mãe, que, tomada por um desespero sem alardes, pediu ao meu pai que descesse Eusébio e lhe concedesse o banho com a primeira água que se aquecesse. O corpo frio foi conduzido sob os gritos graves de meu pai manso. A tarde recrutava os mistérios do rio enquanto nossas bocas choravam choros miúdos, profundos, indignados. Minha mãe não derramou os seus desconsolos. Conduziu todas as iniciativas com a propriedade de quem julga conhecer os mistérios do mundo. Atravessou sozinha a distância do rio e voltou três horas depois com esquife, cruz de madeira pobre, sem flores. A cara tão cheia de força não parecia guardar pergunta. As razões de Eusébio não lhe interessavam? Não seria justo soltar ao menos um grito de indignação? O grito não nasceu.

Noite silenciosa e profunda. Quando os primeiros raios de sol insinuaram a continuidade do tempo, minha mãe se apressou em fechar o destino de Eusébio nos limites de sua moldura final. A cor branca, a madeira frágil, o tecido ordinário, tudo parecia ter parceria com a morte. O esquife cumpriria o ofício de ser breve, muito breve. É certo que não suportaria o peso da terra. Romperia ao peso dos primeiros torrões. A ilusória proteção não resistiria aos secos movimentos do homem que sacramentaria o encontro da terra eterna com o corpo efêmero de meu irmão. Ele, indefeso e imóvel em sua escolha tão trágica, desprotegido pela fragilidade do esquife branco, enfrentaria o processo de se desmaterializar, de mergulhar no rio do tempo, e nele perder-se de vez, assim como se perde a voz cada vez que se gritam as dores das desarmonias da alma.

O barulho seco dos parafusos foi ouvido por todos. Minha mãe realizou os movimentos sozinha. Fechava no esquife o meu irmão com a mesma naturalidade com que um dia o fechou no ventre para que crescesse menino, dividindo com ele carne, músculos, ossos, alma e sangue. A mesma cria humana, agora crescida pelo movimento inevitável que nos envelhece sem pena, ali, morta, mas ainda tão jovem, no alto de seus vinte anos, gritando-nos mudo a convicção de que a vida não valia a pena.

Eu, tão morta quanto Eusébio no esquife, morta de outro modo, mas não noutra intensidade, ousei pedir que antes de fechá-lo eu pudesse depositar uma flor entre suas mãos. Para isso servem os símbolos. Para levar-nos aos lugares aos quais não pertencemos. Na flor miúda, eu estaria presente e, em companhia de Eusébio, atravessaria o rio, desceria à terra, alcançaria o esquecimento.

Quando vi o esquife sendo colocado na canoa, senti o desejo de percorrer o pequeno caminho, agarrar-me nas pontas da embarcação, e com meu irmão alcançar os segredos da outra margem. A paralisia avançou sobre minha coragem, e mais uma vez os meus pés permaneceram imóveis na soleira de minha morada triste.

Firmei meus olhos no branco do esquife, presença morta flutuando na metáfora de minha vida, o rio, e observei os movimentos das águas turvas encaminhando a pequena embarcação. O balanço de Eusébio me atingiu com serenidade, como se eu costurasse com ele aquele retalho de madeira que o envolvia ao retalho de água que o conduzia. Fusão imaginária, experiência poética que redime temporariamente a tragicidade da vida, tornando-a bonita naquela hora, feito um pôr de sol. O corpo foi sumindo na distância, enquanto o movimento do meu rosto foi se tornando mais lento, como se um motor fosse se despedindo de sua necessidade de conduzir, de forçar andanças.

Eusébio partiu sozinho. Ficamos nós. Eu, meu pai, Corina e minha mãe. Deixou-nos sem razões para viver. Cada um a seu modo ficou. Cada um a seu modo partiu. O que parte de nós naquele que parte? O que fica de quem foi naqueles que ficam? Quis intuir o destino das ausências, mas em vão. A secura da manhã não me permitiu demoras.

Quando a tarde nos costurou novamente aos destinos da noite, o meu pai não suportou os desatinos daquela ausência tortuosa, e no mesmo galho foi também se enforcar. Dessa vez não houve grito algum. A ausência sentida fez com que minha mãe o buscasse como se já conhecesse o enredo daquela história. Chegou ofegante, parecendo trazer nos ombros o peso do mundo. Munida de força estranha, desconhecida, ela o trazia ao colo, assumindo a ascendência que não lhe cabia naquela hora. Não era sua mãe, mas agia como se fosse. Nos olhos um desespero tímido, crescendo em medidas, galgando espaços. Ao cair de joelhos sobre a soleira da porta, deixou vazar frase pequena, mas motivo grande: "Isto eu não vou aguentar!". E realmente não aguentou. Dois meses depois de vividos os dois funerais em curtas horas de distância, o mesmo galho de goiabeira serviu-lhe de porto de partida.

O dia era triste como o rio turvo. Corina buscava as mesmas amoras roxas. O grito nos recordou o pouco passado dos dias. Eu não quis acreditar. A mulher morta estava tão roxa quanto as amoras que Corina apertava nas mãos. O vão dos dedos permitia um vazamento de cores vibrantes e trágicas. A mesa da vida estava posta e, mais uma vez, a morte era o prato principal. Eu não sabia o que fazer. A morte, a canoa, o rio, tudo posto em mesmo horizonte. O remo, o destino escorregadio, as ramagens curtas, e eu diante da necessidade de dar cabo dos destinos daquele dia triste.

Corina estava mergulhada em sua loucura silenciosa. Chorava, mas eu não tinha acesso aos seus motivos. Chorava apertando as amoras e com a cor se distraía. O roxo nos dedos, fascínio fúnebre, inocente. Eu estava só. Corina não era ninguém para mim. Quando veio morar em nossa casa já era mulher crescida. Chegou pela força da caridade de minha mãe, que, sabedora da loucura sob controle da outra, ensinou-lhe tudo sobre a sobrevivência.

Corina não me acompanhava. Eu, o corpo de minha matriz e o rio dividíamos o desespero daquela orfandade absoluta. Os remos não me inspiravam partida. As águas turvas pareciam paradas, como se quisessem saber de minhas decisões. "Vai partir? Quer ajuda?" Eu não soube dizer.

Alcancei a força que pude e deitei machado no galho das desgraças. A lâmina adentrou com destreza a madeira firme. O corpo caiu. Ajeitei-me como no dia do parto de Eusébio e segurei firme nas mãos de minha mãe morta. A tarde passou sobre mim sem que dali eu arredasse o corpo. A noite caiu, parecia derramar sobre nós uma cera paralisante, de maneira que a cena não pudesse ser modificada.

A noite já avançava sem que eu a percebesse. Quando a madrugada já era senhora do tempo, uma voz vinda do rio se apoderou do meu lugar. Corina buscara ajuda. Fez o que nunca ousei fazer. Varou sozinha os destinos do rio e alcançou caridade no outro lado. Fez o que nunca pensei que soubesse fazer. Trouxe esquife, assim como minha mãe trouxera no dia em que Eusébio se pendurou. Trouxe mais. Trouxe cruz de prata, trouxe agente funerário, trouxe flores.

Uma velha senhora amanhecida de esperanças, alguém que eu não sabia quem era, conduziu-me para dentro da casa. Logo em seguida, com a ajuda de Corina e do agente funerário, entrou trazendo o corpo de minha mãe com o intuito de conduzi-lo ao banho. O barulho da água morna era acompanhado de um canto suave que do quarto eu ouvia: "Virgem Maria, mãe dos homens. Virgem Maria, mãe de Deus! Roga por nós, ó Virgem Santa, roga por nós, os filhos teus!".

Perfumado de banho recente, último, o corpo de minha mãe foi fechado em estrutura frágil, assim como os outros. Era manhã fria, diferente daquela de dois meses antes. Corina foi a primeira a entrar na embarcação. Levava consigo uma mala de couro onde fez caber o pouco que tinha. O esquife foi levado pelos dois desconhecidos. A mulher me olhou como se perguntasse: "Você vai também?". Sinalizei que não. O silêncio se sobrepôs aos ruídos do mundo. O meu último passo me entregou à varanda de onde a tudo pude assistir. O caminho estreito foi pisado com cautela. As ramagens emolduravam os passos e os remos foram elevados como se fossem bandeiras de territórios conquistados. A embarcação se desprendeu tranquila. O remanso do rio se prestava a ser o motor. Corina acenou como nunca me fizera. Eu não respondi. Estava presa em motivos de lágrimas graúdas, tristezas caudalosas que pelos olhos eram derramadas.

Aos poucos, bem aos poucos, o corpo de minha mãe foi se perdendo na distância. Mais uma vez, a vitória do outro lado. O caminho escorregadio, a curta distância, as ramagens úmidas, as águas do rio, tudo a recordar-me de meu destino de não partir, de não varar os mistérios, de nunca arrancar os alinhavos que me seguravam no oposto de meus sonhos. O outro lado e sua soberana postura. Severa punição geográfica que fez crescer nos meus olhos a erva daninha da solidão. O outro lado e suas mãos intrusas. Levavam minha senhora, minha mãe dos homens, minha mãe de Deus. Levavam minha condenação humana, minha redenção divina, minha regra de vida. E eu, sem causas para saber prosseguir, permaneci. Dura e só.

Este livro foi composto em Bembo
para a Editora Planeta do Brasil
em fevereiro de 2013